丛书主编　张玉金

汉字与民俗

黄高飞　编著

暨南大学出版社
JINAN UNIVERSITY PRESS

中国·广州

图书在版编目（CIP）数据

汉字与民俗/黄高飞编著. —广州：暨南大学出版社，2014.10（2018.10 重印）
（汉字中国）
ISBN 978 - 7 - 5668 - 1000 - 7

Ⅰ.①汉… Ⅱ.①黄… Ⅲ.①汉字—研究②风俗习惯—研究—中国
Ⅳ.①H12②K892

中国版本图书馆 CIP 数据核字（2014）第 081232 号

⋯⋯⋯⋯⋯⋯⋯⋯⋯⋯⋯⋯⋯⋯⋯⋯⋯⋯⋯⋯⋯⋯⋯⋯⋯⋯⋯⋯⋯⋯

汉字与民俗
编 著 者　黄高飞

出 版 人　徐义雄
策划编辑　杜小陆
责任编辑　刘　晶　徐雨娴　李大强
责任校对　周海燕
出版发行　暨南大学出版社（广州暨南大学　邮编：510630）
网　　址　http：//www. jnupress. com　http：//press. jnu. edu. cn
电　　话　总编室（8620）85221601
　　　　　营销部（8620）85225284　85228291　85228292（邮购）
排　　版　广州良弓广告有限公司
印　　刷　佛山市浩文彩色印刷有限公司
开　　本　850mm×1168mm　1/32
印　　张　8.5
字　　数　174 千
版　　次　2014 年 10 月第 1 版
印　　次　2018 年 10 月第 2 次
定　　价　35.00 元

（暨大版图书如有印装质量问题，请与出版社总编室联系调换）

总　序

当人类从野蛮跨入文明，一些民族发明并使用了文字。如巴比伦人的楔形文字、埃及人的象形文字、玛雅的图形文字等。我们的先人，同样也发明并使用了象形文字。

然而到了今天，其他几种古老的文字体系都消亡了，只有我们的汉字至今还存活着，并呈现出勃勃的生机。在可以预见的将来，它都不太可能被废弃。这是为什么？

传说汉字是四目的仓颉所造的。他创造文字之后，"天雨粟，鬼夜哭"，真是惊天地、泣鬼神的壮举。即使在今天，还有人把汉字的创造看成是中国人的第五大发明。的确，汉字对中华民族的贡献，怎样评价都不过分。

汉字具有超时代性，使我们后人很容易继承先人所创造的伟大文明。中华民族生生不息，中华文明薪火相传，绵延不绝。汉字居功至伟。

汉字具有超地域性，使得居于不同地域、操不同方言的人们能顺利交流，维系着我们国家的统一和民族的团结。汉字功不可没……

汉字身上，蕴藏着无穷无尽的奥秘，等待着我们去探究。

然而以往对汉字的研究，多是就汉字研究汉字，如研究汉字的本义和形体结构，探究汉字的起源、发展、结构等。有时就汉语研究汉字，探讨汉字与汉语的关系。

近些年来，一些学者开始研究汉字自身所具有的文化意义、探讨汉字与中国文化的关系。

但是，到目前为止还没有人从中国文化生态系统的角度来研究汉字。本丛书就是从中国文化生态系统的角度来研究汉字的。

所谓中国文化生态系统是指由影响中国文化产生和发展的自然环境、科学技术、经济体制、社会组织及价值观念等变量构成的完整体系。人类的活动是社会的主体，人类的文化创造可以划分为科学技术、经济体制、社会组织及价值观念等四个层次，这些因素构成文化生态系统的结构模式。与自然环境最近、最直接的是科学技术一类智能文化；其次是经济体制、社会组织一类规范文化；最远是价值观念。对人类的社会化影响最近、最直接的是价值观念；其次是社会组织、经济体制；最远的是自然环境，它对人类社会化的影响是通过经济体制、社会组织及价值观念等中间变项来实现的。

汉字是一种文化现象，所以可以从中国文化生态系统角度来研究汉字。把汉字与中国文化生态系统联系起来，考察汉字所赖以产生的整个文化生态系统及其对汉字的影响，考察汉字中蕴涵的中国社会结构、经济土壤、文化系统和自然环境等各方面的信息。

本丛书的创新点，不是仅就汉字论汉字、仅就汉语论汉字，也不是仅就中国文化来论汉字，而是联系它所赖以产生的整个文化生态系统，从而达到对汉字的更为深入全面的剖析。

本丛书从汉字与人、汉字与社会、汉字与经济、汉字与文化、汉字与自然等五个大的角度来研究汉字，共提出 36 个研究子课题，每个子课题都写成一本小书。这些子课题如下：

一、人：汉字与人体。

二、社会：汉字与婚姻家庭、汉字与宗法、汉字与职官、汉字与战争。

三、经济：汉字与农业、汉字与渔猎、汉字与手工业、汉字与贸易。

四、文化：

（一）物质文化：汉字与饮食、汉字与服饰、汉字与建筑、汉字与交通、汉字与玉石、汉字与文房四宝。

（二）制度文化：汉字与刑法、汉字与度量衡。

（三）精神文化：汉字与乐舞、汉字与书法艺术、汉字与神话、汉字与对联、汉字与数目、汉字与医疗、汉字与色彩。

（四）心理文化：汉字与民俗、汉字与姓名、汉字与避讳、汉字与测字、汉字与字谜、汉字与宗教、汉字与道德、汉字与审美。

五、自然：汉字与植物、汉字与动物、汉字与地理、汉字与天文。

本丛书的读者对象是具有高中及以上学历的学生和一般国人，也包括学习汉语汉字的海外华人、外国学生和一般外国人。

全面揭示汉字所蕴涵的中国文化生态系统信息，可以让普通民众和大中学生对我们天天使用的汉字有更为深入的了解，有利于提高基础教育和高等教育的水平，有利于提高中华民族的科学文化水平；还可以让学习汉语的外国学生和一般外国人对汉字及其背后的文化生态系统、特别是两者的关联有更多的了解，这有利于汉字汉语汉文化走向世界。

张玉金

2014.5

前　言

　　汉字是世界上最古老的文字之一，也是没有出现断层，迄今仍在继续使用的文字之一。跟所有的文字一样，汉字是记录汉语言的符号，汉语又是汉文化得以传承和发扬的物质载体。中华民族璀璨的文明在今天仍能远溯其源流，汉字发挥了极其重要的作用。

　　民俗是文化的重要组成部分，它存在于人们物质生活、精神生活和社会生活的方方面面。陈之藩先生在《剑桥倒影》中说："许多许多的历史才可以培养一点点传统，许多许多的传统才可以培养一点点文化。"所谓的民俗就是一定的社会群体共同创造并遵守的某一种传统。中华民族历史悠久，生活区域幅员辽阔，不同的历史时期，不同的地域往往存在不同的风俗。在历史的长河中，有些风俗已经湮没而无人知晓，有些风俗在这一地区已经消失了，在另外的地区却还完整地保留下来，在原有民俗消失的地方可能已经形成一种新的传统。正是如此，中华民俗才表现出丰富多彩的面貌。

　　民俗与众多事物一样，存在萌芽、发展、兴盛、衰落和消亡的过程。旧民俗消亡与新民俗产生，这是很自然的现象。新中国成立以来，中国社会发生了翻天覆地的变化，原有的很多风俗在现代观念的冲击下不断萎缩甚至消亡。近年来，随着经济的高速发展，现代物质生活的巨大进步，更多的民俗加速走进了消亡的历史进程。越来越多的现代人已经不懂中国的民俗，包括古代的和现代的。因此，我们很有必要对中华民俗进行整理和研究，为民众的民俗知识普及提供可靠的材料。

正是居于这样一种考虑，本书试图从文字的角度来介绍中国的民俗。文字可以钩沉已经消失的历史，也可以描摹正在流行的风情。这是它的优点。本书以文字为脉络，若干相关的文字组合成一组民俗，通过文字的线索挖掘其背后丰富的内容。文字也有其不足，因为有些民俗现象没有专门的汉字记载，所以我们也不完全拘泥于文字，过分墨守将会破坏某一风俗的完整性。"以文字为纲，追求叙述完整"是本书编写的一条重要原则。

"言必有据，追求准确"是本书编写的另一条原则。编写本书的初衷是为了普及民俗知识，所以要尽量做到准确而避免误导读者。为此，在介绍某一习俗时，如果有文献记载的，尽量引用原文。同时为了照顾不同层次的读者，引文如果是文言文的，其后有现代文的翻译。

此外，为了增加文本的可读性，本书在行文时尽量采用通俗易懂的词语和句子，同时插入与内容相关的图片，使读者在阅读文本之余可以通过具体的形象了解相关的内容和背景。在此需说明的是，因时间关系，书中部分插图未能联系上相关作者，如有疑问，请联系暨南大学出版社，届时会以一定形式表示感谢。

汉族的民俗异常丰富，由于篇幅所限或本丛书其他分册已有介绍，为了避免重复，本书仅介绍汉字与生育礼俗、婚俗、丧俗、起居习俗、求福习俗等几个专题，希望能够为读者了解汉族风俗提供一点力所能及的帮助。

最后，本书在写作的过程中参考了前贤时修的大量成果，在此表示衷心的谢意！为了照顾页面的编排，恕不能在行文中一一注明，芳名仅罗列于参考文献之后。由于编著者水平、精力有限，错漏在所难免，敬请读者及方家指正。

目　录

一、汉字与生育礼俗

生育是人类社会发展的先决条件，没有人口的繁衍，人类文明的火种将会悄然熄灭。在社会发展的漫长岁月中，人类的群体曾经非常弱小，壮大群体的力量是战胜恶劣自然条件和保障自身生存的有效手段。所以纵观世界历史的发展，祈求多子的现象

百子图（粉彩瓷盆）

非常普遍。在中国古代社会，由于医疗卫生条件极差，人的平均寿命很短。有人作过研究，夏代人的平均寿命才 18 岁，秦代 20 岁，东汉 22 岁，唐代 27 岁，宋代 30 岁，清代 33 岁。加上婴幼儿的死亡率很高，所以人口繁衍对于国家来说，是关系社稷的根本；对于家庭来说，是家族血脉得以延续的大事。"不孝有三，无后为大"，"有子万事足"曾经是刺激中国人心灵的一个紧箍咒；子孙满堂，天伦之乐至今仍是大多数中国人普遍追求的幸福图景。

人类从哪里来？女人为什么会生孩子？在科学蒙昧的时代，人们对这些问题充满好奇，他们想对此作出解释，但是又不明白

其中的奥秘，于是将这些现象归因于超自然的力量或神灵的作用。中国古代的文献有很多这些方面的记录，例如：

①炎帝神农氏，姜姓，母曰女登，有娲氏之女，为少典妃，感神龙而生炎帝。（《史记·补三皇本纪》）

②太昊帝庖牺氏，风姓也，燧人之世有巨人迹出于雷泽，华胥以足履之，有娠，生伏羲于成纪。（晋皇甫谧《帝王世纪》）

③母曰附宝，之祁野，见大电绕北斗枢星，感而怀孕，二十四月而生黄帝于寿丘。（《史记·五帝本纪》）

④女修织，玄鸟陨卵，女修吞之，生子大业。（《史记·秦本纪》）

⑤妃常梦吞日，则生一子，凡经八梦，则生八子，世谓为八神。（《拾遗记》）

汉砖上的玄鸟（浙江）

炎帝的母亲女登因为感受神力而怀孕，生下了炎帝；庖牺就是伏羲，他是少女华胥在雷泽踩到了巨人的脚印而怀孕生下的；黄帝的出生则是母亲看到闪电环绕北斗星而孕育出来的；秦人的祖先——大业是女修在织布的时候吞下了玄鸟（燕子）的卵而怀孕生下的；帝喾的妃子每次梦到吞下太阳就会怀孕生子，前后梦到八次，生下八个儿子。类似的记载还有很多，例如商朝人的祖先契是母亲吞下燕卵所生，周朝人的祖先后稷是母亲踩到了神的脚印所生，大禹是母亲吞食了薏苡而怀孕生下的，等等。这些传说都大同小异，反映了那个时代的先民们对生育的认识。盘古开天辟地，女娲造人是中国古代最著名的神话，是中国版的"创世纪"，其实也反映了古人对人类生育、繁衍的认识。

在中国古人的观念中，人的繁殖就像草木一样，是随着季节自然而然的。如汉字"生"，《说文解字》（以下简称《说文》）："进也，象草木生出土上。"甲骨文字形为 Ψ，金文字形为 Ψ，上面的"Ψ"像刚刚长出来的草木，下面的"_"像地面或土壤，这个字的本义是草木从地面生长出来，人的出生、成长过程与之相似，所以人的繁衍也叫"生"。

随着社会的发展，人们认识到女性的生育必须要有男性的参与，女性怀孕、生子是需要一定条件的。伏羲与女娲的传说就是这种认识的反映。传说远古时代

女娲伏羲图

洪水泛滥，世界上几乎所有的人和动物都被淹死了，只剩下伏羲、女娲兄妹两个。如果没有人口繁衍，人类很快就会灭绝。太白金星建议他们结婚，生育后代。但他们认为亲兄妹之间不能结婚。在万般无奈之下，女娲想出了一个办法，他们环山赛跑，如

果伏羲能够追上自己，那就是天意，就可以成婚。开始伏羲怎么都没能追上女娲。在旁边观看的乌龟着急了，就教伏羲从山的另一面沿着相反的方向追赶。女娲没有防备，果然一下子被伏羲抱在怀里，于是两人结婚。由于伏羲、女娲的结合，人类至今才生生不息。传说中的女娲和伏羲是人头蛇身的怪物，所以后人画出来的形象，他们都是拖着长长的尾巴纠缠在一起的。

生育是社会生活中非常普遍的现象，通过考察相关的汉字也能了解其中的风俗。

（一）女性的生理变化与相关汉字

女性在生育的过程中扮演着非常重要的角色，男女结合以后主要的任务就落在女性的身上。人类的繁衍需要具备一定的条件，其中重要的一条是性成熟。古人将促进与维持男女性机能的物质称为"天癸"，认为"天癸"来到人就具备生殖的能力。成书于先秦时期的医书《黄帝内经·素问》"上古天真论"说："女子七岁，肾气盛，齿更发长。二七而天癸至，任脉通，太冲脉盛，月事以时下，故有子。""丈夫八岁，肾气实，发长齿更。二八肾气盛，天癸至，精气溢泻，阴阳和，故能有子。"这段话的意思是女性的生理周期是"七"，女孩子在七岁的时候肾气开始旺盛，这个时候开始换牙，头发浓密。十四岁左右就会来例假，全身的经脉都通畅了，例假每个月按时来临，所以就会怀孕生子。男性的生理周期是"八"，男孩子八岁的时候肾气开始充盈，这时头发浓密，换掉乳牙，长出新牙。十六岁气血旺盛，天癸到来，精气过旺就会遗精，达到阴阳调和，就能让女性怀孕生子。这说明正常情况下，天癸在一定年龄（即女子约14岁，男子约16岁）而盛泌，促使任脉通，太冲脉盛，调节女子月经依时来潮，男子精气溢泻，从而具有生育能力，阴阳和合，故能有子。

女性在青春期期间身体会发生很大的变化，出现一些男性所没有的生理现象。经过这些生理过程之后，黄毛丫头就会变成一个亭亭玉立的大姑娘，即是所谓的"女大十八变"。汉字记录了女性发生的这些变化。

女 nǚ　《说文》："女，妇人也，象形。王育说：'对文则处子曰女，适人曰妇。'"段玉裁解释说："浑言之女亦妇人，析言之适人乃言妇人也。"笼统地说，女可以指妇女，精确地说，只有出嫁了的才叫妇女。言外之意，"女"指的是少女，其甲骨文字形为农，像一个敛手跪坐的娴静少女形象；金文的形体为亏，字上面的横杠是女孩子头上的发簪。古代的女孩子在15岁左右要举行成人礼，其中要举行用笄（jī）将头发贯穿起来的仪式，叫做"笄礼"。"笄"是发簪的早期形式，用来固定发髻，它是一根细长的钎子，一头尖，一头钝，钝的一头有突出的装饰。《礼记·内则》记载："（女子）十有五年而笄，二十而嫁。"《仪礼·士昏礼》也说："女子许嫁，笄而醴之，称字。"女孩子在十五岁左右举行过笄礼就可以嫁人了。嫁人的女性叫"妇"，妇女是要开始操劳家务过日子的，所以其甲骨文的形体为𢼄，左边的𢆟是一把扫帚的形状，右边是一个"女"字，合起来是一个正在拿起扫帚做家务的妇女形象。

少女俑(唐)　　少女跪坐俑(汉)　　　　古典插簪发髻

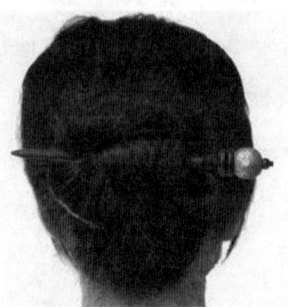

姅 bàn　《说文》："姅，妇人污也。"本义指的是女性的生理性流血。对此，段玉裁解释说："谓月事及免身及伤孕皆是也。""姅"具体指的是女性例假、生孩子、小产而导致的流血。例假是女性性成熟的标志，初次例假之后女性便具备生育的条件了。"姅"在今天一般叫"月经"、"月事"、"例假"、"生理期",近年还戏称为"大姨妈"。在古代,人们对例假的生理不了解,以为出血是不干净的生理现象,所以《说文》说"妇人污也"。女性例假期间会有诸多禁忌,例如汉律规定:"蚰变不得侍祠。"女性月事期间不得陪同祭祀。期间也不得有性生活,《说文》:"古者嫔妇以叙御夫君,有月事者,以丹注面。"古代的嫔妃在例假期间要伺候夫君,但是又不好意思说出来,就会用朱砂在脸上画上一种特殊的妆饰作为标志,让丈夫知道。

母 mǔ "母"的小篆形体为齌,《说文》:"母,牧也。从女,象裹子形。一曰象乳子也。"许慎认为"母"是"牧"的意思,像妇女抱着孩子的形象,也

"母"的形象与文字的关系

有人认为像妇女在给孩子喂奶。段玉裁解释说:"牧者,养牛人也。以譬人之乳子。""牧"是养牛人的意思,这是以养牛人来比喻母亲养育孩子。《仓颉篇》指出:"母,其中有两点,象人乳形。"这种意见是对的。"母"字的甲骨文形体为齌,金文形体为齌,就是一个乳房硕大的女性形象。

　　"母"的常用意义是"母亲"，这是古今汉语一致的意义。《诗经》："父兮生我，母兮鞠我，拊我畜我，长我育我，顾我复我，出入腹我。欲报之德，昊天罔极。"这几句诗是对父母的讴歌：父母双亲啊！您生养我、抚慰我、养育我、拉拔我、庇护我，不厌其烦地照顾我，无时无刻怀抱着我。想要报答您的恩德，而您的恩德就像天一样的浩瀚无边！这里的"母"就是母亲的意思。

　　中国古代都是母乳喂养孩子，女性的乳房承担着生儿育女的重任。从青春期开始，女孩的乳房逐渐发育变大，怀孕之后女性的乳房变得更大，这是为生育营造生理条件和物质基础。从𩑡到𩑡是女性的华丽变身，也是女性可能成为母亲的外在表征。

（二）怀孕与相关汉字

　　怀孕是男女结合之后胎儿在母体内生长发育的过程。这个过程非常复杂，能够观察到的是很多女性在怀孕初期有害喜的现象，通常在早晨起床会恶心、呕吐。这个过程中最显著的变化是女性的肚子逐渐变大，在很多地方人们根据孕妇的这一特征而称呼其为"大肚婆"。

　　古人最初对怀孕一无所知，经过长期的实践，慢慢掌握了胎儿在人体里发育的过程。成书于先秦时期的《文子》一书有胎儿发育过程的记载："一月而膏，二月血脉，三月而胚，四月而胎，五月而筋，六月而骨，七月而成形，八月而动，九月而躁，十月而生。"怀孕一个月的时候还是黏稠的一团血肉，第二个月开始长出血管，第三个月长成胚，第四个月长成胎，第五个月开始长出筋络，第六个月形成骨头，第七个月长成人形，第八个月开始会动了，第九个月胎儿活动加剧，第十个月就要脱离母体生出来。古代文献记录的情况可能有差异，但是不管怎样，古人对胎儿发育已经有相当多的了解了。

孕妇是新生命的载体，妇女怀孕往往会得到家人的特别重视和照顾。政府也会在法律上保障孕妇的安全，例如《隋书·刑法志》规定："女子怀孕者，勿得决罚。"孕妇犯罪了是不能用刑的。

下面结合相关汉字，通过汉字的线索了解汉民族女性怀孕的一些习俗。

孕 yùn　《说文》："孕，怀子也。"本义是女性怀胎。甲骨文形体为，外面的是孕妇的躯干，其显著的特征是肚子突起；里边的是一个婴儿的形状。这个字通过透视的方法把女性怀孕形象地画了出来。《乐记》："羽者妪伏，毛者孕育。"长羽毛的物种（禽类）是通过雌性孵卵来繁殖后代的，长丝毛（哺乳类）的物种是要怀孕生育的，人类是"毛者"，所以人是靠怀孕生育的。

身 shēn 《说文》："身，躬也。象人之形。""身"现代的意义一般指的是人的躯体，其实这个字在古代特指孕妇的身体。"身"的甲骨文形体为𧘇或𧗱，金文形体为𧗱，都是在人的躯干上将腹部画大，意思是这不是一般的身体，而是大腹便便的怀孕的身体。小篆形体𧗱也还能看得出这个字所要表达的内容。《诗经·大雅·大明》："大任（亦称太任）有身，生此文王。"大任是周文王的母亲，"有身"就是有了身孕，这里的"身"就是怀孕的意思。这种用法到近代还见使用，例如林觉民《与妻书》："且以汝之有身也，更恐不胜悲，故惟日日呼酒买醉。"今天还用"身已"指代女性怀孕。

红山文化遗址出土的孕妇陶俑　　孕妇俑（北朝）

妊 rèn　《说文》："妊，孕也。""妊"是怀孕的意思，这是一个形声兼会意的字，"壬"，《说文》："位北方也。阴极阳生，故《易》曰：'龙战于野。'战者，接也。象人怀妊之形。"这是用中国古代阴阳五行的观念来解释"壬"字的意思，"壬"在五行中处于北方的位置上，北方属阴。阴阳可以相互转化，阴气到了极致就会慢慢衰竭，阳气就会慢慢升腾，逐渐强大。在中国古代，天属于阳，地属于阴，阴阳交接万物才能生长；男性属阳，女性属阴，阴阳结合才能生子。"壬"的甲骨文形体为Ⅰ，上面一横表示的是天，下面一横表示的是地，中间贯通的直线表示阴阳交接，《释名》："壬，妊也。阴阳交，物怀妊。"所以《说文》说"象人怀妊之形"。有人认为"壬"是一个人挑着担子的情形，《说文通训定声》："壬，担何也。上下物也，中象人担之。""壬"的金文形体为Ⅰ，贯通上下的一竖中间有一个点，确实有点像一个人挑着担子。《律书》："壬之为言任也。"这是用声训的原理解释词的意义，"壬"的意思是"任"，而"任"在古代是负担的意思。女性怀孕，体重增加，就像人挑着担子一样，所以怀孕就叫"壬"。段玉裁在分析《说文》"壬"字的基础上指出："壬像人腹大也。"大概是"壬"字三横，上下短，中间长，类似孕妇的体形。"妊"的声符"壬"已经有表示怀孕的意思了，加上"女"字旁只是为了使意义更具体而已，怀孕是女性独有的现象。

花萼

胚 pēi "胚"古代亦可写作"肧"。《说文》："妇孕一月也。""不"，甲骨文形体为𝖷，金文形体为𝖷，上面的▽像花的子房，下面的︿像花蕊下垂的形状，所以"不"字的本义是花萼。《诗经·小雅·常棣》："常棣之华，鄂不韡（wěi）韡。"常棣就是棠梨（郁李）；"华"是"花"的早期写法；"鄂"通"萼"，花托的意思；韡韡，鲜明、茂盛的样子。这句诗的意思是棠梨树上花朵朵，花萼灼灼放光华。"鄂"、"不"放在一起是同义连用，"不"也是"鄂"。植物一般先开花，后结果，花萼是花朵最外边的部分，植物开花，花萼最先长出来。人在怀孕后，胚胎最先出现的顺序与花萼出现的顺序相似，所以也叫"不"，后来为了区别，字写作"肧"或"胚"。

胎 tāi 《说文》："胎，妇孕三月也。"妇女怀孕三个月的胎儿叫"胎"，其小篆形体为𦞦。"胎"后来也泛指已成形至出生前的胎儿。怀胎是孕育生命的开始，所以

"胎"在古代还有"开始"的意思，例如：《尔雅》："胎，始也。"朱骏声注《说文》"始"字说："裁衣之始为初，草木之始为才，人身之始为首为元，筑墙之始为基，开户之始为戽，子孙之始为祖，形生之始为胎。"缝制衣服的开始叫"初"，草木开始发芽叫"才"，人身体从上到下的起点叫"首"或"元"，建筑房子的开始叫"基"，门口最初叫"戽"，子孙的始祖叫"祖"，人在母体成形的开始叫"胎"。"始"和"胎"都用"台"作为声符，这两个字都同时具有开始的意义，它们是一组同源字。

娠 shēn　《说文》："娠，女妊身动也。"妇女怀孕后胎动叫"娠"。"娠"从女辰声，是一个形声兼会意字，"辰"本身就有动的意思，表示动的"震"、"振"都以"辰"作为声符。《说文》："辰，震也。三月，阳气动，雷电振，民农时也。""辰"是十二地支之一，用来记录夏历的三月。夏历三月，寒冬已经过去，阳气开始升发，电闪雷鸣，农民开始耕作。三月是春季，万物复苏，生命孕育，胎儿在腹中活动同样也是生命要产生的前兆，所以这个阶段就叫做"娠"。郑玄说："身，重也。盖妊而后重，重而后动，动而后生。"意思是妇女怀孕，体重就会增加，胎儿逐渐长大就会活动，活动到一定的时候就要生出来。"娠"字在甲骨文时代已经产生，写作醮，左边是阝（辰），右边是"女"。

在中国古代的贵族家庭，女性怀孕之后往往采取一些措施来确保胎儿的健康发育。古人认为，胎儿在母体中能够容易被孕妇情绪、言行同化，所以孕妇必须谨守礼仪，给胎儿以良好的影响，这就是胎教。中国胎教始于西周，历代文献可以见到相关的记录。据刘向《列女传》记载，周文王的母亲太任在妊娠期间，"目不视恶色，耳不听淫声，口不出敖言，能以胎教"。意思是说，太任怀孕时，眼不看邪恶的东西，耳不听淫乱的声音，口不说狂傲的话，这就是行的胎教。汉代贾谊《新书·胎教》："周妃后妊成王于身，立而不跛，坐而不差，笑而不喧，独处不倨，虽怒不骂，胎教之谓也。"意思是说，周成王的母亲怀孕时，站有站的样子，站时不将重心倚在一边；坐有坐的样子，坐时也不歪斜；笑时不放声喧哗；独居一处时也不懈怠放任；发怒时也不骂人；如此等等，用礼教的规范来约束自己的一举一动，从而保持对胎儿的良好影响。北齐颜之推《颜氏家训·教子》："古者，圣王有胎教之法：怀子三月，出居别宫，目不邪视，耳不妄听，音声滋味，以礼节之。"意思是古时候的圣王，有"胎教"的做法，怀孕三个月的时候，出去住到别的好房子里，眼睛不能看邪恶不洁的东西，耳朵不能听粗俗刺耳的声音，听音乐吃美味，都要按照礼仪加以节制。北齐徐之才《逐月养胎法》中提出："妊娠三月名始胎，当此之时，未有定仪，见物而物化……欲子美好，数视璧玉，欲子贤良，端坐清虚，是谓外象而内感者也。"意思是说怀孕三个月，胎儿的性情还没有稳定，见到什么都很容易被感化……想要孩子长得漂亮，就要经常拿美玉来赏玩；想要孩子有好的品德，则要坐立端正，窗明几净。可见古人很早就认识到孕妇的饮食、行为举动、知识修养和道德情操都对胎儿的智力和品格的形成有着极其重要的影响。

宋代杭州有"催生"的习俗。得知女儿怀孕，娘家会借这个机会将婴儿出世后需用的东西送过来，或送他物寄托，希望女儿快生、顺产。宋吴自牧《梦粱录·育子》记载："杭城人家育子，如孕妇入月，期将届，外舅姑家以银盆或彩盆，盛粟杆一束，上以锦或纸盖之，上簇花朵、通草、贴套、五男二女意思，及眠羊卧鹿，并以彩画鸭蛋一百二十枚、膳食、羊、生枣、粟果及孩儿绣绷彩衣，送至婿家，名'催生礼'。"

送催生礼（广东省博物馆）

（三）分娩与相关汉字

"十月怀胎，一朝分娩。"胎儿在母体发育成熟一般需要十个月，成熟之后就要离开母体，成为独立的个体。古代把人和动物由成熟的胎儿离开母体的过程叫"孕别"。例如《荀子·王制》："鼋鼍鱼鳖鳅鳝孕别之时，罔罟毒药不入泽。"杨倞注："别，谓生育与母分别也。"龟、鳖、鱼、泥鳅、鳝鱼在产子的季节，渔网和毒药都不能进入河、湖等水域，意思是水产繁殖的季节不能随便捕捞。杨倞解释说，"别"指的是生育时幼体与母体分离。"孕别"也可以叫"别孕"，例如《国语·鲁语上》："今鱼方别孕，不教鱼长，又行网罟，贪无艺也。"鱼刚刚产完子，还没让它们长大就去捕捞，这叫贪得无厌。

先秦以前的古人非常迷信，新生的婴儿是否能养育要通过占卜，问过神灵才能决定。《史记·日者列传》记载："（先王）产子必先占吉凶，后乃有之。"这只是分娩习俗中能够见诸文献很少的一个，很多习俗已经无迹可考。要了解更多的佚俗，汉字是可资佐证的可靠材料。

毓 yù　"毓"，《说文》写作"育"，这是比较晚的形体。"毓"的甲骨文形体写作𠮷，左边是一个"女"，右边的𠮷是一个倒着的"子"，倒"子"下面的一点代表的是血污，这是女性生孩子的生动画面。"毓"字甲骨文的简体写作，左边简略为一个ʔ；金文形体写作，左边是一个"母"字，右边是一个头上长了毛发的"子"。小篆的是在金文形体的基础上演变而来的。"毓"也写作"育"，现代除了姓名用"毓"之外，其他的意义用"育"。"育"其实是在"毓"字简体的基础上改换部首而形成的。人的生育是父母血肉的分离和延续，所以选取"肉"作为意义归类的符号，上面的就是一个倒写的"子"的变体，其小篆形体还可以看得出这种变化。《说文》："育，养子使作善也。从肉声。"段玉裁解释说："不从子而从倒子者，正谓不善者可使作善也。"倒写的"子"就是逆子，不孝顺的儿子。通过教育可以让不孝顺的孩子变好，这是"育"字上头为什么写成倒"子"的解释。很显然这是一种曲解。女人生孩子，一般是头先出来，跟产妇的体位相反，古人对此是了解的，所以造字的时候忠实地将这种现象描画了出来。"育"字是后起的，它上面的倒"子"只是继承了原有的部件而已。"育"的本义就是分娩，"养育"的意义是后起的。《广雅》："育，生也。"颜师古注《汉书》："育，养也。"孩子生下来了就要抚养、教育，所以"育"也有"抚养、教育"的意义。

娩 miǎn 《说文》写作"挽"，其解释为："生子免身也。从子从免。"这是一个形声兼会意的字。《玉篇》："免，去也，止也，脱也。""免"是除去、停止和脱掉的意思。《说文》无"免"字，"免"是"冕"字早期的写法，其甲骨文的形体为🅰️，上面的∩是一个帽子的形状，下面的🅱️就是一个跪坐着的人，两个符号合在一起就是一个戴着帽子的人，用这个形象来表示"冕"（帽子）的意思。因为帽子是可以脱掉的，所以会产生脱掉、去除的意义，例如《广雅·释诂四》："免，脱也。"这里的"免"是脱掉的意思。《醒世恒言》："了缘道：'这也容易。但我的徒弟乃新出家的，这个可以免得。望列位做个人情。'"这里的"免"是免除的意思。什么叫"生子免身"呢？因为古代的医疗条件非常差，孕妇难产的现象非常普遍。肚子里的孩子如果生不出来，那就要危及生命了，孩子生出来了，母体就可以免除危险，所以妇女生孩子也叫"免"。为了区别意义，就给"免"字添加了表示意义的符号"女"或"子"。

乳 rǔ 《说文》："乳，人及鸟生子曰乳，兽曰产。"在古人的观念中，不同的物种生子的名称不一样，人和鸟类生子叫"乳"，野兽生子叫"产"。"乳"的本义就是生孩子，《史记·扁鹊仓公列传》："菑川王美人怀子

而不乳。"菑川王的妾怀孕
了，但是生不出孩子。这里
的"乳"就是分娩的意思。
"乳"的甲骨文形体为䍮，
是一个妇女抱着婴儿在喂奶
的情形，怀中的婴儿昂着头
要吮吸乳房的形象非常生
动。孩子降生就要给小孩喂
奶，所以"乳"同时也有喂

巾帼哺乳妇女陶俑（汉）

奶、哺乳的意思，例如归有光《项脊轩志》："妪，先大
母婢也，乳二世。"归有光家里的一个年老女仆，原来
是大妈妈的奴婢，曾经给两代人当过奶妈。"乳"还有
一个常用的意义是乳房，《白虎通》："文王四乳，是谓
至仁。天下所归，百姓所亲。"周文王长了四个乳房，
他是仁的极致，天下诸侯归附于他，老百姓拥戴他。

字 zì 《说文》："字，乳也。从子在宀（mián）
下，子亦声。"其金文形体为𡥉，外边的宀是一个房子
的轮廓，里边的子是一个婴儿的形体，两个符号结合起
来是在房子里生孩子的意思。《广雅》："字，生也。"
《山海经·中山经》："其上有木焉，名曰黄棘，黄华而
员叶，其实如兰，服之不字。"远古时期，苦山上有一

种叫黄棘的植物，开黄色的花，叶子圆圆的，它的种子像兰草，妇女吃了就不能生育。这里的"字"就是生孩子的意思。与"育"一样，"字"也有"抚养，教育"的意思，例如《左传·昭公十一年》："其僚无子，使字敬叔。"其僚没有儿子，就让他来抚养敬叔。

如前所述，古人认为妇女的经血，产子、流产时的污血都是不洁之物，见到会沾惹晦气；正屋居住着祖宗的神灵，这些污血也会触犯神灵，降祸于家人；且产妇的死亡率极高，所以人们普遍对生孩子和产妇有畏惧心理。《论衡·言毒》记载："三曰讳妇人乳子，以为不吉。将举吉事，入山林，远行，度川泽者，皆不与之交通。乳子之家，亦忌恶之，丘墓庐道畔，逾月乃入。"当时社会有几种人们忌讳的事情，其中一件是忌讳妇女生孩子，认为不吉利。准备办喜事的，或者到山林里去的，或者出远门的，或者要过大江大河的人都不能与产妇接触。产妇的家人也很忌讳与产妇接触，他们把她安置在祖坟旁边的小屋或路边的草棚里生孩子，满月之后才能回家。《礼记·内则》也有类似的记载："妻将生子，及月辰，居侧室。夫使人日再问之，作而自问之，妻不敢见，使姆衣服而对。至于子生，夫复使人日再问之，夫齐，则不入侧室之门。子生，男子设弧于门左，女子设帨于门右。三日始负子，男射女否。妾将生子，及月辰，夫使人日一问之。子生三月之末，漱澣夙齐，见于内寝，礼之如始入室。君已食，彻焉，使之特馂，遂入御。公庶子生，就侧室，三月之末，其母沐浴朝服见于君，摈者以其子见，君所有赐，君名之，众子则使有司名之。庶人无侧室者，及月辰，夫出居群室，其问之也，与子见父之礼无以异也。"国君的正妻在临产当月的初一或十五要搬到正屋旁边的小房子里待产，国君每天派人去问候两次，接着亲自去问候，妻子不敢让他看到，她让婢女用衣服遮挡着来回话。等到孩子生下来了，国君再次让人每天问候两次，自己进行斋戒，但是不进入侧室。孩子出生后，如果是男孩，就在门的左边挂一张弓；如果是女孩，就在门的右边挂一条布巾。出生后三天大人才能抱孩子。如果生的是男孩，还要举行"射天地四方"之礼，即用弓箭朝东西南北各射一箭，象征男孩能以上事天地、下御四方为己任；如果生的是女孩，就不需要举行这种仪式了。如果是妾将要生孩子，在当产的那个月的初一或十五也要住到侧室去，国君每天派人问候一次。孩子生下满三个月，国君沐浴斋戒，在正妻的寝室接见母子。礼节和结婚时一样。国君吃完饭，剩下的饭菜赐给妾母子享用。因为在古代妾的地位很低，只有在结婚和生孩子时才有资格吃丈夫的剩饭剩菜。如果妾生的不是长子，临产前也要到侧室待产，快到三个月的时候，妾沐浴之后换上礼服去拜见国君，保姆抱着孩子让国君看，国君给小孩赏赐礼物并起名字。如果是地位更低的妾生的孩子，就让家臣来帮忙起名字。以上是国君或贵族家庭生孩子的做法。一般老百姓房子很少，如果没有侧室，在妻子临产前，丈夫要把房子让给妻子居住，自己则借宿在别人家里。在这段时间，夫妻间或父子间的礼节与贵族家的一样。

　　生子之后对胞衣的处理很早就有了，并形成了一定的风俗。六朝以来的文献也多有记录，下面以唐代王焘的《外台秘要》记载的《小儿藏衣法》为例，了解古代对胞衣处理的习俗。《外台秘要》记载："崔氏凡藏儿衣法，儿衣先以清水洗之，勿令沙土草污。又以清酒洗之，仍内钱一文在衣中，盛于新瓶内，以青绵裹之，其瓶口上仍密盖头，且置便宜处，待满三日，然后依月吉地，向阳高燥之处，入地三尺埋之，瓶上土浓一尺七寸，唯须牢筑，令儿长寿有智慧。若藏衣不谨，为猪狗所食者，令儿癫狂。虫蚁食者，令儿病恶疮。犬鸟食之，令儿兵死。近社庙傍者，令儿见鬼。近深水池，令儿溺死。近故灶傍，令儿惊惕。近井傍者，令儿病聋盲。弃道路街巷者，令儿绝嗣无子。当门户者，令儿声不出，耳聋。着水流下者，令儿青盲。弃于火里，令儿生烂疮。着林木头者，令儿自绞死。如此之忌，皆须一慎之。"小孩出生后胞衣要找地方埋好，这样可以保障小孩聪明伶俐、健康成长，否则会造成灾病。新生的胎衣要先用清水洗干净，不要沾到沙土或草屑之类不干净的东西。接着用清酒将胞衣再洗一遍，洗干净之后在胞衣里放上一枚铜钱，然后放在新瓶子里，瓶口用棉布裹紧，放在便利的地方，三日之后根据本月日子的吉凶，选择向阳的、高旷干燥的地方，挖地三尺将瓶子埋入，地上起一块高一尺七寸的小土堆。一定要把瓶子埋好，这样才会让小孩健康长寿、聪明过人。如果埋藏不好，胎衣被猪狗吃掉，这个小孩就会得癫狂病；如果胎衣被昆虫蚂蚁吃掉，这个小孩就会长毒疮；如果被鸟兽吃掉，这个小孩就要遭受兵灾而死。埋的地方不好也会影响这个小孩的健康和前途。如果埋在庙宇旁边，这个小孩就会见到鬼魂；埋在深水池边上，这个小孩就会溺水而死；埋在旧灶台旁边，会让小孩受惊；埋在井台边上，会让小孩耳聋或失明；把胎衣丢弃在路上或街上，这个小孩以后就会绝后；丢在门口的，会让这个小孩哑巴、耳聋；丢在有流水的地方，会让小孩得青光眼；丢在火堆里，会让小孩生烂疮；丢在树林里，会让小孩以后上吊自杀而死，等等。这些说法都没有什么科学根据，但是可以看得出古人对胞衣与人的关系充满了神秘感。

中国古代的南方地区还存在一种"产翁"的习俗，即丈夫代妻子坐月子。分娩后妻子照常工作，丈夫则偃卧在床，像产妇一样护理婴儿，同时被他人服侍，亲戚朋友庆贺于他。中国古代的文献有很多相关的记载，例如唐朝人尉迟枢在《南楚新闻》说："南方有獠妇，生子便起。其夫卧床褥，饮食皆如乳妇，稍不卫护，生疾亦如孕妇，妻反无所苦。……越俗，妇人诞子，经三日便澡身于溪河，返，具糜以饷婿。婿拥衾抱雏，坐于寝榻，称为产翁。"这里说的是南方的少数民族，妇女生完孩子就可以起来劳作了，她的丈夫则躺在床上，饮食都要像产妇一样，稍微不护理，他得的病就和产妇的一样，他的妻子反倒没有什么病患。南方地区的风俗，妇女生子之后，经过三天便到河里洗澡，回来后就熬粥来侍候丈夫。这个时候丈夫披着被子，抱着婴儿坐在床上，被称为"产翁"。宋代周去非《岭外代答》卷十引唐人房千里《异物志》说："僚妇生子即出，夫惫卧，如乳妇，不谨，其妻则病，谨乃无苦。"这段话也记载了相同的习俗。

古代还有五月初五，生子不养的习俗，因为古人认为五月是恶月，五月初五也叫重五，是一个孕育死亡的日子。《大戴礼》记载："五月五日畜兰为沐浴。"五月初五民间用兰草煮水沐浴，驱除邪气。《论衡》说："讳举正月、五月子；以正月、五月子杀父与母，不得举也。"民间认为正月和五月出生的孩子不能养，原因是正月和五月出生的孩子对父母不利。这种观念在春秋战国时期已经很流行，例如《史记·孟尝君列传》记载历史上有名的孟尝君，他是五月初五出生的。他的父亲靖郭君田婴要他母亲不要养活他，认为"五月子者，长于户齐，将不利其父母"，说五月初五出生的孩子，等到长得跟门一样高的时候就会不利于父母。但是他的母亲还是偷偷将他养大，孟尝君最后成为战国四公子之一。东晋大将王镇恶五月初五生，他的祖父便给他取名为"镇恶"。宋徽宗赵佶五月初五生，父母不敢养育他，把他寄养在宫外。可见古代婴儿出生的日子是吉是凶，往往会影响他的命运，若是出生在贫苦人家，可能就被直接溺死或被遗弃了。

（四）难产、夭折与相关汉字

如前所述，由于古代的医疗卫生条件很差，加上女性结婚年龄较小，身体还没充分发育，所以难产现象非常普遍，产妇和婴儿的死亡率很高。这些现象在汉字中也有所反映。

殷 yīn 《说文》："作乐之盛称殷。"音乐表演的场面热烈就叫做"殷"，《周易·豫》："先王以作乐崇德，殷荐之上帝，以配祖考。"东汉王弼注释说："用此殷盛之乐荐祭上帝也。"这里"殷"、"盛"联用，"殷"就是"盛"的意思。但是有人认为"殷"字可能与古代的生育有关，只是这种现象很早，缺乏文献的正面记录。金文大致有两种写法，为了便于说明，将字体放大如下图：

殷1　　　　　殷2

"殷1"由 𠆢（房子）、𠂉（孕妇）、𠬝（拿着刀子的手）这几个符号组成，其描述的图景是：在一个房子里，一个人拿着刀子在给孕妇剖腹。"殷2"其实表示的是相同的意思，只是省去了房子的符号。有人会认为这是不可思议的事情，因为人类第一次有记录的剖腹产是1610年由德国医生特劳特曼和顾斯主刀的。但在中国历史上或许真的有一个阶段掌握过剖腹产的技术，中国古代文献有过这方面的记载，《史记·楚世家》："吴回生陆终。陆终生子六人，坼剖而产焉。"裴骃《史记集解》说："若夫前志所传，修己背坼而生禹，简狄胸剖而生契，历代久远，莫足相证。近魏黄初五年，汝南屈雍妻王氏生男儿，从右胳下水腹上出，而平和自若；数月创合，母子无恙，斯盖近事之信也。以今况古，固知注记者之不妄也。"裴骃是南朝刘宋时期人，他在给《史记·楚世家》作注解的时候用他当时知道的一个剖腹产的例子来证明古代典籍上面记录的剖腹生子的事情不假。《史记》介绍楚国的世系，说吴回生陆终，陆终生了六个儿子，每个儿子都是经过剖割分娩的。裴骃注释说："类似以前的史书记载，鲧剖开背部产下大禹，简狄（商契的母亲）剖开胸部产下契，历史太久远了，没有足够的证据证明。最近发生在黄初五年（公元224年），汝南郡屈雍的妻子王氏生了一个男孩，从右侧腋下到肚脐以上这块地方剖开取出来的，不见疼痛。刀口几个月就愈合了，母子平安。这是最近非常可信的事情。用现在的事情来看待古代就可以知道记录古代历史的人不是乱来的。"

"殷"还有"红黑色"的意思，读为 yān。开刀剖开难产妇女的腹部，流出来的血就是红黑色的。这个意义或许正是从这个角度演变而来的。

夭 yāo 《说文》："夭，屈也。从大，象形。""夭"是屈曲不伸的意思。《论语·述而》："子之燕居，申申如也，夭夭如也。"孔子闲居的时候，衣冠楚楚，仪态温和舒畅，悠闲自在。其中"夭夭如也"就是指屈曲不伸、悠闲自在的样子。为什么"夭"有早死的意思呢？段玉裁解释说："物初长者尚屈而未申。假令不成遂，则终于夭而已矣。"事物在刚长出来的时候大多是屈曲不伸的状态。但是如果时间很长都伸展不开，那就意味着这个个体已经死亡，所以在生长之初的死亡叫"夭"。龚自珍《病梅馆记》中"夭其稚枝"的"夭"表示的就是这个意思。人与植物一样有一个生长的过程，还不到成年的死亡也叫"夭"。"夭"的甲骨文形体作&#65533;，小篆作夭，像一个人歪着头的样子，表示这个婴儿已死，头直不起来了。

弃 qì 《说文》："弃，捐也。从廾推華弃之，从𠫓。𠫓，逆子也。"段玉裁解释说："从廾推華弃也，𠫓手推華而捐之也。从㐬。㐬，逆子也。既以廾華会意，又加㐬以箸之。㐬者，不孝子，人所弃也。"这段话主要解释字形，"从廾推華弃"意思是伸开双手将畚箕推出去扔掉。"㐬，逆子也。"段玉裁说"弃"字既然已经用了廾華来会意了，再加上㐬，意思就更明显了。"㐬"指的是不孝顺的儿子，如果一个人不孝顺，人们就会厌弃他。段玉裁是站在道德立场上作的解释，以文说教。"弃"实际的造字意图或许并非像段玉裁所说。"弃"字的甲骨文形体为，上面的，是一个婴儿的形象，头朝上表示的是逆生的婴儿（逆生意味着难产，难产是不吉利的），婴儿周围的三点表示的是羊水或血污，中间是，是一个畚箕的形状，下面的，是一双手的形状。李孝定在《甲骨文字集释》解释说："字象纳子箕中弃之之形，古代传说中常有弃婴之记载，故制弃字象之。"这种解释非常准确。金文的"弃"写作，省去了其中的，将上面的改为头朝下的，表示的是一个已死的婴儿，下面是一双手，整个字表示的意思是用手将难产的婴儿丢掉。

古代婴儿死亡一般是拿到野外丢掉或者埋掉，但是一些远古的遗迹显示古人有用煮饭的陶釜装载死婴埋葬的习俗。宜兴市新街镇骆驼墩遗址发现了三十九个陶瓮，里边装着婴儿的遗骨，每

个陶釜上部钻了很多孔，可能是
当时的人希望婴儿的灵魂能够从
孔里出来，转世投胎。

　　唐宋时代，社会还流行"产
子不举"的习俗，即是生下的孩
子不打算养育了，在其刚出生时
将他杀死。苏轼在《与朱鄂州
书》中说："岳、鄂间田野小
人，例只养二男一女，过此辄杀

装有婴儿遗骨的陶釜
（宜兴骆驼墩遗址）

之。"湖南北部和湖北一些地区的平民，一般只养两个儿子，一
个女儿，多出来的就杀掉。东坡被贬黄州（今湖北黄冈市），见
"黄州小民，贫者生子多不举，初生便于水盆中浸杀之"。苏东坡
在湖北黄冈也见到黄冈的平民，家庭穷困的生了孩子一般都不
养，婴儿一出生就用水盆将他溺死。朱熹的父亲朱松《韦斋集·
戒杀子文》说，在江西婺源，民"多止育两子，过是不问男女，
生辄投水盆中杀之"。朱松在福建为官，"闻闽人不喜多子，以杀
为常……虽有法而不能胜"。江西婺源的平民一般只养育两个孩
子，超过这个数，不论男婴女婴，一般都扔到水盆里淹死；福建
人也不喜欢多养孩子，多生的一般杀死，这种风气即使有法律严
禁都不能遏止。贫苦人家生活不易，养不起孩子，但是当时没有
避孕手段，女人不可避免要怀孕，万分无奈只有杀婴。这是非常
残忍的事情，但是居然在某些地区形成风气，可见当时人们生活

的艰辛。这种现象引起了政府的注意，宋朝政府曾经多次采取措施试图改变这种风俗，例如宋仁宗嘉佑二年（1057年），京东提刑韩宗彦上书朝廷，请求"凡下户有怀妊而不能自存者，愿赐之粟"。贫苦人家怀孕了没办法生存的，由政府提供粮食抚养。到了南宋高宗绍兴八年（1138年），朝廷正式下诏："禁贫民不举子，有不能育者，（官府）给钱养之。"在全国范围内禁止贫民杀婴，没有能力养育的由官府出钱养育。

婴儿从分娩到周岁之间有几个重要的习俗，在这里顺便提一下。古代婴儿出生后的第三天会举行"洗三"的仪式，出生满一个月要举办满月酒，出生满三个月要起名字，出生满一年有抓周礼。"洗三"在"洗浴"一章会介绍，这里简单介绍以下几种。

满月　产妇产下婴儿之后的一个月要卧床休息，也即所说的"坐月子"。满一个月就可以下床活动，恢复产前的生活。古代婴儿的死亡率很高，如果过了一个月没有什么变故，就意味着婴儿已经闯过了重要的一关。在这一天，家庭往往要举行一些仪式和举办酒席来庆贺，这叫满月酒，文雅的说法叫"弥月之庆"。先秦时代没有做满月的习俗，直到南北朝才见到有关的记载。《北齐书·恩幸传·韩凤》："男宝仁尚公主，在晋阳赐第一区。其公主生男昌满月，驾幸凤宅，宴会尽日。"

韩凤的儿子娶了公主，公主生了儿子，皇帝来到韩凤家中喝了一天酒席。唐代民间一般在小孩满月举办酒席，宴请亲友。《太平广记》记载："唐显庆中，长安城西路侧有店家新妇诞一小男。月满日，亲族庆会，欲杀羊，羊数向屠人跪拜。屠人报家内，家内大小不以为征，遂即杀之，将肉就釜煮。余人贪料理葱蒜饼食，令产妇抱儿看煮肉。抱儿火前。釜忽然自破，汤冲灰火，直射母子，母子俱亡。店人见闻之者，多断杀生焉。"（唐朝显庆年间，长安城西路边上有一个店家，新媳妇生了一个小男孩。满月这天，亲戚朋友都来庆贺，店主人让屠夫杀一只羊。那羊多次向屠夫跪拜。屠夫把这事向店家的人报告了，店家的大人小孩都不认为这里有什么不妥当，就让屠夫杀了这只羊，把羊肉放到锅里煮。因为别人都忙着料理葱蒜饭菜，就让新媳妇抱着小孩看着锅里的肉，那新媳妇抱着孩子来到锅前。锅突然间自己破了，汤水冲到炭火上，火苗直扑母子，母子全被烫死。当时在店里看到听到这件事的人，多数都不再杀生了。）这个故事宣扬的是因果报应的思想，但是从字里行间可以看出，民间做满月要杀羊待客，相当隆重。

有钱人家还会请僧人为小孩祈福。同样是《太平广记》记载的一个故事："唐故剑南节度使太尉兼中书令韦皋，既生一月，其家召群僧会食。有一胡僧，貌甚陋，不召而至。韦氏家童咸怒之，以弊席坐于庭中。既食，韦氏命乳母出婴儿，请群僧祝其寿。胡僧所自升阶，谓婴儿曰：'别久无恙乎？'婴儿若有喜色。众皆异之。韦氏先君曰：'此子生才一月，吾师何故言别久耶！'胡僧曰：'此非檀越之所知也。'韦氏固问之，胡僧曰：'此子乃诸葛武侯之后身耳。武侯当东汉之季，为蜀丞相，蜀人受其赐且久。今降生于世，将为蜀门帅，且受蜀人之福。吾往岁在剑门，与此子友善。今闻降于韦氏，吾固不远而来。'韦氏异其言，因以武侯字之。后韦氏自少金吾节制剑南军，累迁太尉兼中书令，在蜀十八年，果契胡僧之语也。"唐代剑南节度使韦皋满月的时候，家里宴请僧人为其念经祈福。有一个相貌非常丑陋的胡地僧人不请自来。韦家的家奴都很生气，让他坐在庭院的破席子上。吃完饭之后，韦皋的母亲让奶妈把韦皋抱出来请僧人们给他念经祈福。胡僧顺着台阶走上来问婴儿，说："好久不见，你还好吧？"婴儿听到之后露出了笑脸。大家都觉得很惊讶。韦皋的父亲问："这个孩子才出生一个月，大师怎么说好久不见呢？"胡僧说："这个施主就有所不知了。"韦皋的父母再三请求讲出缘由，胡僧说："这个孩子是诸葛亮降世。诸葛亮出生在汉朝末年，当了蜀国的丞相，四川人到现在还在承受他的恩惠呢。我以前在剑门，和他关系很好。现在听说他在韦家降生了，我就不远千里来看望他。"韦皋的父母觉得胡僧说的话太让人震惊了，就用诸葛亮的封号"武侯"给韦皋起名字。后来韦皋从少金吾的职位调任剑南当节度使，后来又升迁为太尉和中书令，在四川十八年，果然跟胡僧说的一模一样。

到了宋代，人们在给小孩做满月的时候有"洗儿"的习俗。宋代孟元老《东京梦华录·育子》记载了这种满月习俗的仪式和盛况："亲宾盛集，煎香汤于盆中，下果子彩钱葱蒜等，用数丈彩绕之，名曰围盆。以钗子搅水，谓之搅盆。观者各撒钱于水中，谓之添盆。盆中有枣子直立者，妇人争食之，以为生男之征。浴儿毕，落胎发，遍谢坐客，抱牙儿入他人房，谓之移窠。"（小孩满月这一天，亲朋好友齐聚，小孩家里用木盆盛着烧好的弥漫着香气的热水，在水里放干果、铜钱、葱、蒜等，用几丈长的彩带围绕，这叫"围盆"。用发钗搅动盆里的水叫"搅盆"。围观的人将铜钱撒到水里叫"添盆"。盆里如果有直立的枣子，妇女们会抢食，认为吃了就会生男孩。小孩洗好之后就要剪头发，然后感谢参加出席洗礼的人，接着抱小孩到别人的房间里，这叫"移窠"。）"洗儿"确实是一个充满美好寓意的仪式，"彩钱"象征富足，"葱"谐音"聪"，祈愿小孩聪明，"蒜"与"算"同音，寓意小孩能写会算；"添盆"意味着家中增加人口；"枣子"是早生贵子之意。

起名 旧俗小孩出生三个月后父母就要给他起名字。《礼记·檀弓上》说："幼名、冠字。"孔颖达疏："始生三月而始加名，故云幼名，年二十有为父之道，朋友等类不可复呼其名，故冠而加字。"《礼记·檀弓上》说"年幼时起名，成年之后取字"，孔颖达解释说："孩子在出生三个月开始起名，所以叫幼名，二十岁开始要当父亲了，朋友们不可以再叫他的名，所以举行冠礼时要取字。"《仪礼·士冠礼》："冠而字之，敬其名也。君父之前称名，他人则称字也。"举行冠礼取字，是为了尊敬他的名。君长可以称他的名，其他人只能称呼他的字。可见名在古代就是小名，是供父母长辈呼唤的。

在上古时代，取名很朴素，例如夏商两代留下的人名孔甲、履癸、外丙、雍己、盘庚、武丁、小辛等，都以干支为人名。到了后代，取名越来越复杂。《左传·桓公六年》记载着春秋时代命名的五个原则："名有五，有信、有义、有象、有假、有类。以名生为信，以德命为义，以类命为象，取于物为假，取于父为类。"意思是：或根据其出身特点，或从追慕祥瑞、托物喻志、褒扬德行、寄托父辈期望等几个方面比照取名。并且提出

七不："不以国、不以官、不以山川、不以隐疾、不以
畜牲、不以器币"来取名。意思是取名字不能用国家的
名称，官职的名称，山川的名称，疾病的名称，牲畜的
名称，器物和钱币的名称。

寄托美好寓意是起名的主要原则，但是在中国古代
曾经有很长的时间，父母有给孩子取贱名的习俗。因为
古代孩子难养，取好听的名会招来鬼神的妒忌从而产生
不测，取个贱名就容易养活。例如汉武帝小名"彘"，
"彘"是大猪的意思，汉代文学家司马相如小名"犬
子"，宋武帝刘裕小名"寄奴"。这种现象很普遍，古代
有人将古人的小名编辑成书，例如唐代陆龟蒙的《小名
录》、宋代陈思的《小字录》、宋代无名氏的《侍儿小
名录》。

抓周　抓周是儿童的第一个生日，这一天家长会举
行仪式，同时准备一些物品让小孩随便抓取，以所抓之
物来预测小孩的前途和性情。抓周的习俗可以追溯到南
北朝时期。北齐颜之推《颜氏家训·风操》中就明确记
载："江南风俗，儿生一期（即满一周岁），为制新衣，
盥浴装饰，男则用弓、矢、纸、笔，女则用刀、尺、
针、缕，并加饮食之物及珍宝服玩，置之儿前，观其发
意所取，以验贪廉愚智，名之为试儿。"（江南一带的风

俗，在孩子出生一周年时要给他制作新衣服，洗澡打扮，男孩子要准备弓、箭、纸、笔，女孩子要准备刀、尺、针、线，再加上食物和珍宝玩具之类的东西放在小孩面前，让他随意抓取，用这个来预测他的性情和才智，这种做法叫"试儿"。）这一风俗在南北朝时主要流行于江南地区，到隋唐时逐渐普及全国。"试儿"也叫"试晬"或"周晬"。宋代孟元老《东京梦华录·育子》中记载：民间生子后，"至来岁生日，罗列盘盏于地，盛大果木、饮食、官诰、笔砚、算秤等经卷针线应用之物，观其所先拈者，以为征兆，谓之'试晬'，此小儿之盛礼也"。到了第二年生日，用托盘装着水果、食品、授官的诏令、笔、砚台、算盘、秤、书本、针线等物品，看小孩先拿哪种，以此判断小孩的前途，这叫"试晬"，是小孩出生后很受重视的一种礼俗。元代和明代，这种习俗更加盛行，被称为"期扬"，到了清代才有"抓周"、"试周"之称。近代大学问家钱钟书就是抓周时先抓了一本书而被命名为"钟书"。人们认为抓到书的小孩以后将会是个读书的好苗子，会成为大官或大学问家，这种说法在钱钟书身上得到了验证。

二、汉字与婚俗

就个人而言，婚姻是人生的大事；从国家的角度看，婚姻更是维系国家发展和社会稳定的基础。在人类生产力发展水平普遍较低的历史时期，人口的繁衍直接关系到国家经济的发展，因而婚姻也就显得格外重要。婚姻的历史伴随着人类的终始，并且由此衍生出了很多习俗。时代在发展，社会在进步，婚姻嫁娶的习俗也会有巨大差别。汉字作为记录文化的载体，是窥探这些古老习俗的重要窗口。

（一）劫夺婚与相关汉字

汉族先民有一段时间流行抢婚的习俗。部落之间开始是对抗的，战争为婚姻制造了机会。两个部落交战，战胜的一方把战败一方的女性掳去作为自己的配偶。据文献记载，春秋以前因征伐娶妻的事屡见不鲜，可以说是古代劫夺婚姻的遗留，例如夏桀征伐有施，娶有施女妹喜；商纣伐有苏，娶有苏女妲己；周幽王征伐有褒，娶有褒女褒姒；晋献公征伐骊戎，娶骊姬。这些都是因为娶妻亡国或造成政局动荡才被记录下来的，那些一般的情况就无信可徵了。一个部落的男子趁着夜黑风高偷偷跑到另一个部落把女子抢回去做妻子应该也是非常常见的事情。但是由于年代久远，这方面的记载不多。《周易》是我国比较早的一部文献，其中就有对劫夺婚的记载和描写。《周易·上经·屯》："屯如邅如，乘马班如。匪寇，婚媾。"屯，是艰难不顺的意思；邅，是回转的意思；班，与盘相通，意思是回旋，描写的是抢婚者偷偷摸摸、躲躲藏藏，一边观察、一边前进的样子。这句话的意思是：一群人骑着马偷偷摸摸地前进，他们不是为了抢劫财物，而是为了抢亲。《周易·上经·屯》上六："乘马班如，泣血涟如。"这里描写的是抢婚的残酷场面：被抢女子在马背上惊恐万状，拼命呼喊，血泪汪汪。《周易·下经·睽》："见豕负涂，载鬼一车，先张之弧，后说之弧。匪寇，婚媾。往，遇雨，则吉。"这句话的意思是：路上来了几辆车，一辆车运着大猪，另一辆车装载着像鬼一样奇形怪状的人。他们一会儿张弓搭箭，一会儿放下来，原来他们不是去抢劫财物的强盗，而是打扮成可怕样子去抢亲的人。抢亲遇到下大雨，那是天赐的良机。

考察"婚"、"娶"、"妻"这几个字的结构，也可以发现它们记录了古代劫夺婚这种习俗。

婚 hūn "婚"是个后起字，古书凡是"婚姻"字，都写作"昏"。为什么男女结合叫做"婚"呢？《说文》"婚"字："礼：娶妇以昏时。妇人阴也，故曰婚。"根据阴阳五行的观念，男人属阳，女人属阴，白天属阳，夜晚属阴。《说文》的意思是妇女属阴，所以婚礼要在黄昏举行，所以就叫做"婚"。"婚"在先秦也可以指称妻子的父亲，《释名·释亲》："妇之父曰婚，言婿亲迎用昏，又恒以昏夜成礼也。"因为女婿迎亲一般在黄昏时分，又往往在夜晚举行结婚仪式。

单独看的话，许慎上述的解释未尝不可。但是结合其他的文献记载看就会发现问题。文献记载古时娶亲要在夜间举行，驾黑色的车子，娶亲的人要穿黑色的衣服。《仪礼·士昏礼》："主人爵弁，纁裳，缁袘。从者玄端，乘墨车，从车二乘，执烛前马。"爵弁，赤黑色布做的礼帽；纁裳，浅红色的外衣；缁袘，黑色的裙子镶边；玄端，黑色的礼服；墨车，黑色的车子。这段话是说婚礼时，新郎戴赤黑色的帽子，镶着黑边的浅红色外衣。随同的人穿黑色的礼服，乘坐黑色的车子，随从的车子一共两辆，拿着蜡烛走在前面。

古时嫁女之后三夜不熄烛，娶亲之家不演奏音乐，也不庆贺。《礼记·曾子问》："嫁女之家，三夜不息烛，思相离也；娶妇之家，三日不举乐，思嗣亲也。"《郊特牲》："昏礼不贺，人之序也。"

黑衣黑帽，黑灯瞎火，驾着黑车，悄无声息，完全是做贼偷盗的表现。跟后代相比，古人结婚的习俗真让人匪夷所思。例如汉代，结婚庆贺成为风俗，从政府的政令可观一隅。《汉书·宣帝纪》："五凤二年，诏曰：'夫婚姻之礼，人之大伦者也。酒食会饮，所以行礼乐也。今郡国二千石或擅为苛禁，禁民嫁娶不得具酒食相贺召。由是废乡党之礼，令民亡所乐，非所以导民也。'"到了唐代，婚礼的时间也改在天亮的时候。《酉阳杂俎》："《礼》，婚礼必用昏，以其阳往而阴来也。今行礼于晓。"

迎亲图（汉画像石）

娶 qǔ 《说文》："娶，取妇也。从女从取，取亦声。""娶"是个后起字，早期文献只写作"取"，例如：《诗经·齐风·南山》："取妻如之何？匪媒不得。""取"不是一般的拿来，而是表示"抢夺"，《说文》："取，捕取也。从又从耳。《周礼》：'获者取左耳。'"其甲骨文形体为 𦥑。从字形看，左边是一只耳朵，右边是一只手，这是战场割取战俘左耳以献功的形象。

"取妻"为什么用"取",因为其过程和手段都跟争战有关,其实质就是通过战争把妇女抢夺过来作为自己的妻子。

妻 qī 《说文》:"妻,妇与夫齐者也。"这是女人与丈夫对等的称谓。《春秋繁露》:"妻者,夫之合也。"妻子是与丈夫结合的人。"妻"在甲骨文中写作𦓐,在金文中写作𦓐,从字形看,左边是一个长发女子的形象,上面是头发,下面是跪着的女子,右边是一只手。金文形体的"手"是直插女子的长发。所以"妻"的字形表示的是用手揪着女子的头发的情形,这是掠夺妇女的形象画面。可以说,妻子是抢来的女人。

现在回过头来看,自然会明白,古时在黄昏举行婚礼,在黑夜迎亲,穿黑衣,坐黑车,是抢亲的遗俗。既然是抢亲,肯定不是在光天化日之下进行的,而黑色的衣饰和车马在夜里更具有隐秘性而不被发现。抢劫得手,当然不敢声张,所以迎亲不奏乐,婚礼也不奏乐,也不敢摆酒庆贺。而家里的孩子被抢走了,悲伤都来不及,哪里还有庆贺可言呢?

（二）表亲婚与相关汉字

中国古代还存在另外一种婚姻的习俗——表亲婚。表亲婚是指表兄妹、表姐弟之间结成配偶的婚姻形式。这种婚姻形式在秦汉时期的上层社会中比较普遍，如《汉书·齐悼惠王传》载，懿王薨，厉王次昌继承王爵，其母纪太后让其娶她弟弟之女纪女为王后，欲其家重宠。表亲有两种：一种是姑舅表亲，就是兄弟与姊妹之间的孩子结婚；另一种是姨表亲，就是姐妹之间的孩子结婚。《红楼梦》里边贾宝玉与薛宝钗的婚姻是姨表亲婚。先秦两汉以前的表亲婚主要指姑舅表亲婚。"舅"、"姑"、"姪"诸字隐含着这种婚姻习俗的信息。

舅 jiù 《说文》："母之兄弟为舅，妻之父为外舅。"母亲的兄弟叫舅，妻子的父亲叫外舅。《尔雅·释亲》："妇称夫之父曰舅。"妻子称呼丈夫的父亲为舅，相当于现在儿媳称呼丈夫的父亲为家公或公公。《礼记·檀弓》："孔子过泰山侧，有妇人哭于墓者而哀。夫子式而听之，使子路问之，曰：'子之哭也，壹似重有忧者。'而曰：'然。昔者吾舅死于虎，吾夫又死焉，今吾子又死焉。'夫子问：'何为不去也?'曰：'无苛政。'夫子曰：'小子识之，苛政猛于虎也。'"这段话的意思是孔子乘车路过泰山的一侧，有一个在坟墓前哭的妇人看上去十分悲伤。孔子立起身来靠在横木上，派遣子路去问候那个妇人。孔子说："你哭得那么伤心，好像有很伤心的事啊。"那个妇人说："以前我的公公被老虎吃了，我的丈夫也被老虎吃了，现在我的儿子也被老虎吃了。"孔子问："那为什么不离开这里呢？"妇人回答说："（这里）没有苛刻的暴政。"孔子对学生们说："孩子们你们要记住，苛刻的暴政比老虎还要凶猛可怕。"这里的"舅"就是公公的意思。《说文》记录的是汉代的情况，《尔雅》则是更早的称谓。今天我们只称呼母亲的兄弟为"舅"。

姑 gū 《说文》："夫母也。"《尔雅·释亲》："（妇）称夫之母为姑。"姑是妻子对丈夫母亲的称谓，相当于现在的婆婆。《后汉书·列女传》："广汉姜诗妻者，同郡庞盛之女也。诗事母至孝，妻奉顺尤笃。母好饮江水，水去舍六七里，妻常溯流而汲。后值风，不时得还，母渴，诗责而遣之。妻乃寄止邻舍，昼夜纺绩，市珍羞，使邻母以意自遗其姑。如是者久之，姑怪问邻母，邻母具对。姑感惭呼还，恩养愈谨。其子后因远汲溺死，妻恐姑哀伤，不敢言，而托以行学不在。姑嗜鱼

鲙，又不能独食，夫妇常力作供鲙，呼邻母共之。舍侧
忽有涌泉，味如江水，每旦辄出双鲤鱼，常以供二母之
膳。赤眉散贼经诗里，弛兵而过，曰：'惊大孝必触鬼
神。'时岁荒，贼乃遗诗米肉，受而埋之，比落蒙其安
全。"广汉有一个叫姜诗的人，他的妻子是同郡的庞盛
的女儿。姜诗非常孝顺母亲，他的妻子奉养婆婆（丈夫
的母亲）比她丈夫还孝顺。姜诗的母亲喜好喝江里的
水，取水的地方距离他们的房子有六七里路，姜诗的妻
子经常顺着泉流取水。有一天正好碰上大风，姜诗的妻
子不能及时回家，姜诗的母亲很渴，姜诗责备妻子，要
将她赶走。姜诗的妻子就寄住在邻居的房子里，昼夜纺
织，把卖布的钱买来珍贵而美味的食物，让邻居的母亲
送给婆婆。像这样很长时间，婆婆（因为自己的儿媳总
是不在家）感到奇怪，就问邻居，邻居把这件事情完整
地告诉她。婆婆感到惭愧，就叫姜诗的妻子回家来。在
这以后，姜诗的妻子赡养婆婆就更加谨慎细心了。姜诗
的儿子后来因为去远处取水溺死了，姜诗的妻子怕婆婆
感到哀伤，不敢跟她说出真相，就骗婆婆说儿子外出求
学去了。婆婆喜欢吃生鱼片，又不想一个人吃，夫妇经
常通过奋力劳作（赚取的钱）买来鱼，叫上邻居的母亲
一起吃。有一天，他们房子旁边忽然涌现出泉水，味道

和江水一样，每天早上会出现两条鲤鱼，用来供给两位母亲做鱼片吃。赤眉义军经过姜诗的家乡，义军的首领让士兵们放下兵器，说："惊动大孝必然会触怒鬼神的。"当年的收成不好，义军就留下米肉给姜诗，姜诗接受之后把米肉埋掉，邻近的村落也由此而平安。这个故事里的"姑"就是儿媳对丈夫母亲的称呼。今天我们只称呼父亲的姐妹为"姑"。这是古今称谓的巨大变化，也反映了婚俗的巨大不同。

舅姑的称谓在唐朝的时候还存在，例如唐代诗人朱庆馀《近试上

《女孝经图》之"事舅姑章"（宋）

张水部》诗："洞房昨夜停红烛，待晓堂前拜舅姑。妆罢低声问夫婿，画眉深浅入时无？"这里的"舅姑"不是现代意义的舅舅和姑姑，而是公公和婆婆。

为什么称呼公公为舅，称呼婆婆为姑呢？其实这里反映的是古代两种有血缘关系的亲族之间的婚姻关系。第一种婚姻关系，第二种婚姻关系如下图：

```
父亲的姊妹（姑） 父亲 母亲        父亲 母亲      母亲的兄弟（舅）
        |         |__|                |__|                 |
      女儿   婚配  儿子              儿子   婚配  女儿
      儿子   婚配  女儿              女儿   婚配  儿子
```

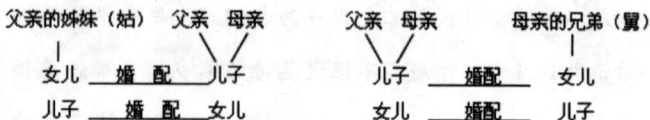

从第一张图可以看出，就男子而言，结婚之后，自己的姑成了岳母；就女子而言，结婚之后自己的姑成了婆婆。从第二张图可以看出，就男子而言，结婚之后，自己的舅成了岳父；就女子而言，结婚之后，自己的舅成了公公。这种婚配习俗应该相当普遍才会形成这种称谓。

上古的姑表亲跟后代的不同，不是女子嫁到男子家中，而是男子到女子家中。考察"姪"、"出"等字便可以得知这一遗俗。

姪 zhí　"姪"现在写作"侄"。《说文》："兄之女也。"许慎认为"姪"是女子称呼其哥哥女儿的称谓。《康熙字典》："古之贵者嫁女，必以姪娣从。《释名》姑谓兄弟之女曰姪。姪，迭也。更迭进御也。"这段话的意思是：古代贵族嫁女儿都要妹妹或侄女送嫁，《释名》说"姪"是女性称呼自己兄弟的女儿叫姪，姪是更迭的意思，姪要轮流进去伺候新郎。《尔雅·释亲》："女子谓昆弟之子为姪。"是女子对她兄弟儿子的称呼，今天也称为"内侄"。《尔雅》与《说文》的解释不相同，这不是谁对谁错这么简单，而是因为两本书成书的年代不同,《尔雅》成书时间较早,它记录的则是更古老的情况,而《说文》记录的则是汉代的说法。这种差异可以揭示婚俗的巨大变化。"姪"从"至"得声,"至"有到来的意思,这是因为古代的表亲婚曾经一度是男子到女方家庭生活的,后面会深入讨论这种现象。

出 chū 《说文》:"进也。"其甲骨文形体为龀,这个字上面是一个"止",是一只脚的形状,下面是一个"凵",是一个山洞或门口的形状。这两个符号组合在一起表示的是一个人从门口出来的形象,本来的意思是走出来。《诗经·邶风·北门》:"出自北门。"就是从北门出来的意思。《尔雅·释训》:"男子谓姐妹之子为出。""出"是男子称呼他姐妹儿子的称谓,今天称呼为外甥,《左传·成公十三年》:"康公,我之自出。"《注》:"秦康公,晋之甥也。"秦晋两国王室经常互婚,秦康公是晋文公姊妹穆姬所生,是晋文公的外甥,所以说"我之自出"。

为什么女子要称呼她兄弟的儿子为"姪"而男子称呼女子的儿子为"出"呢?这里反映了姑表亲的两种婚姻关系。

第一种(姪):男子 A 和女子 B 是兄妹关系,A 长大后要从自家出去,到姑姑或者舅舅家跟表妹结婚生活。A 和表妹生出的儿子 A'，长大之后，要回来跟 B 的女儿结婚生活。在妹妹 B 看来，哥哥 A 的血脉重新回到这个家中，所以称为"至"。"至"是"到来、回来"的意思，"姪"从"至"得声，所以"姪"也有"到来、回来"的意思。这种现象在民间叫做"骨肉倒流"或"血脉回头"。为了便于理解，可以参看下图：

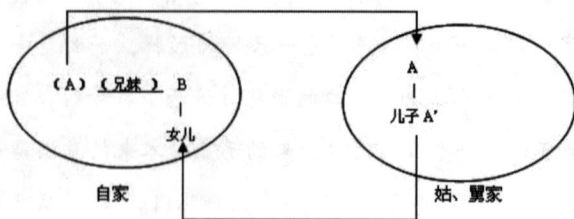

第二种（出）：男子 A 和女子 B 是兄妹关系，男子 A 长大后要从自家出去，到姑姑或者舅舅家跟表妹结婚生活。妹妹 B 的儿子 B' 长大之后，要出去到舅舅 A 家去跟 A 的女儿结婚生活。在哥哥 A 看来，妹妹的儿子跟自己一样是离开自己的家到舅舅家去的，所以称为"出"。"出"就是离开的意思。下图可以帮助我们理解：

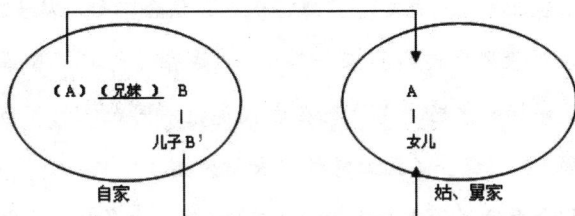

唐代以前一般不禁止表亲婚。到宋代才将表亲婚定为禁律，明、清两代仍是如此，但由于这种婚姻形式在民间已经相沿成俗，法律条文亦难禁绝。这种血缘近亲的婚俗对人类子孙繁衍、人种进化有严重危害，给婚配双方及家庭带来许多不幸。中国新颁布的《婚姻法》已明令禁止，规定"三代以内的旁系血亲"禁止结婚。至此，流行几千年的表亲婚才最终退出中国婚姻习俗的舞台。

（三）合法婚姻与相关汉字

随着社会的进步，野蛮的劫夺婚逐渐消失，表亲婚在实践中也慢慢被意识到存在问题。到了商周时代，族外婚的形式开始日益普遍。男子成年了要成家，女子长大了要出嫁，在交通条件比较差的情况下，不同血缘怎么能结合到一起呢？这其中必须要有牵线搭桥的人。于是一个更流行的婚俗开始出现了。考察"媒"、"妁"诸字可以揭示相关的结婚习俗。

媒 méi 《说文》："媒，谋也，谋合二姓。从女某声。"《康熙字典》："谋合二姓，以成昏媾也。""昏媾"就是婚姻的意思，"姓"在古代是指不同血缘的家族，"媒"是"谋合不同血缘的男女结为夫妻"的人，即是我们今天所说的媒人。《路史》："女娲佐大昊，祷于神，祈为女妇，正姓妡职昏，因是曰神媒。"女娲是中国的媒神，因为她在辅佐伏羲治理天下时向神灵祷告，希望能为女人辨明姓氏来源，以撮合男女婚姻为己任。

妁 shuò 《说文》："妁，酌也，斟酌二姓也。"段玉裁解释说："斟者，酌也。酌者，盛酒行觞也。斟酌二姓者，如把彼注兹欲其调适也。"根据段玉裁的说法，"妁"就像舀酒的勺子一样，从这里舀上来注到别的装酒的杯子里去，让它们调和、适中。"妁"就是根据实际情况去调配不同家族的男女，使他们能结合成亲。班固《白虎通·嫁娶》："男不自专娶，女不自专嫁，必由父母须媒妁何？远耻防淫泆也。"这段话是问为什么男子不能够自行去娶妻，女子不能够自己随便嫁人而必须要由父母张罗，媒人牵线？这是为了确保青年男女远离耻辱的事情，防止淫乱。

因此，"媒"和"妁"其实是一样的，所以很多时候把它们并列在一起称为"媒妁"，例如"父母之命，媒妁之言"。

古代的"媒"有两种，一种是官媒，一种是私媒。《周礼·地官》有"媒氏"一职，这就是官媒，他的职责《周礼》上有记录：

"掌万民之判。凡男女，自成名以上，皆书年月日名焉。令男子三十而娶，女二十而嫁。凡娶判妻入子者，皆书之。中春之月，令会男女。于是时也，奔者不禁。司男女之无夫家者而会之。"

这段话按照今天的理解，"媒氏"的职责有点像民政局加婚姻介绍所，掌管着人们的婚姻事务，对成年男女进行登记，为三十岁以上的男子和二十岁以上的女子主婚，结了婚的要作记录；春季组织相亲活动，对大龄青年或离异人士特别照顾，让他们单独见面。

私媒在文献中也经常出现，例如《孔雀东南飞》中提到的"媒人"是私媒，古代著名的私媒还有《西厢记》中的红娘。

王叔晖连环画《西厢记》中红娘
（左一为红娘）

随着等级制度的确立和尊卑观念的加强，性别防线被严格划分，在"男女授受不亲"的情况下，"媒"在男女的婚娶中一方面是一种媒介，让男女双方相互认识，从中协调而最终结合；另一方面媒人则是担保人或见证人，若婚姻中出现问题，可以找媒人来解决，这样无疑可以维护婚姻的稳定性。《仪礼·士昏礼》："昏礼，下达。"注："必使媒氏下通其言，昏必由媒，交接设介绍，皆所以养廉耻。"统治者认为"媒"是维系人廉耻的重要手段。"礼、义、廉、耻"是社会的道德准则和行为规范，所以非常重要。"无媒不成婚"，没有媒人是成不了婚的。《诗经》中有诗句："伐柯如之何？匪斧不克，娶妻如之何？匪媒不得。"明确说明娶妻如果没有媒人就像砍柴没有斧头一样。古人认为没有媒人的婚姻是不合法的，私奔是家族的耻辱，抓到是要严惩的。宋话本《碾玉观音》里主人公璩秀秀和崔宁相爱、私奔。后来被发现抓回，秀秀被杖死而崔宁则被发配。没有媒人的婚姻一旦出现问题，也不会得到社会的同情，甚至引来嘲笑。例如《诗经·氓》中的女主人公，在没有媒人的情况下嫁给了一个她认为爱她的人，结果中年婚变，没人同情反被兄弟嘲笑，只能忍气吞声，独自哀叹。

"父母之命，媒妁之言"的婚俗破坏了很多青年男女的爱情，产生了很多婚姻的悲剧。"媒"慢慢成了不幸婚姻的罪魁祸首和封建礼教的帮凶，一度成为人们唾弃的对象。今天，自由恋爱已经成为风气，大多数年轻男女都把请媒撮合认为是耻辱和失败，这可能将是古今婚俗的一大变异。

（四）婚礼过程与相关汉字

1. 婚事的确定与"娉（聘）"

经过媒人撮合之后，到了"娉"这一步，则男女双方的婚事已经可以确定下来了，所以在婚事的过程中"聘"很重要，下聘即是定亲。

娉 pīng 《说文》："问也。从女甹声。"段玉裁注："凡娉女及聘问之礼古皆用此字。"《礼记·内则》："娉则为妻。"如果女方接受聘礼就意味着这个女孩是男方的未婚妻了。先秦的《礼记·昏义》把婚礼分为六个阶段，称为"六礼"，即纳采、问名、纳吉、纳征、请期、亲迎。其中"纳征"即是"娉"，指男家将聘礼送往女家，又称纳币、大聘、过大礼等。"娉"也可以写作"聘"。在先秦时代，"娉"和"聘"的意思是不一样的，《说文》："聘，访也。""访"是咨询的意思，所以这个字的部首用"耳"，表示用耳朵听取意见。后来，"娉"主要用于形容女子姿态美好，而与婚嫁相关的意义则由"聘"代替。

士昏礼中新郎、新娘的礼服

古代纳征大多数以鸟兽为聘礼，上古时聘礼须用全鹿，后世简代以鹿皮。唐代崔骃的《婚礼文》中记载："委禽奠雁，配以鹿皮。"因为古代纳聘多执雁为礼，所以送聘礼又叫"委禽"。当然，古代纳征也并非全用鸟兽为礼，到了宋代，茶叶被列为聘礼中的重要礼物，几乎成为不可或缺之物。据宋胡纳《见闻录》载："通常订婚，以茶为礼。故称乾宅致送坤宅之聘金曰'茶金'，亦称'茶礼'，又曰'代茶'。女家受聘曰'受茶'。"孟元老《东京梦华录·嫁娶》也谈到了宋代婚嫁中的用茶："道日方行送聘之礼，且论聘礼，富家当备三金送之，……加以花茶、果物、团圆饼、羊酒等物，又送官会银铤，谓之'下财礼'。"

2. 迎亲的前奏与"醮"

古代迎亲出发前要举行一个斟酒的仪式，目的是长辈给新郎的出行壮胆，同时交代一些注意事项。

醮 jiào 《说文》："冠、娶礼，祭。""醮"是举行冠礼（成人礼）和迎亲出发前的祭礼。《礼记·冠义》：

"醮于客位。"郑玄《礼记注疏》:"酌而无酬酢曰醮。""酌"是斟酒的意思,"酬"是客人给主人祝酒后,主人再次给客人敬酒作答,"酢"是客人用酒回敬主人。醮礼指的是迎亲前长辈给新郎酌酒,新郎接受敬酒后饮尽,不需回敬。

醮礼的仪式是怎么样的呢?《仪礼·士昏礼》有介绍:"父醮子,命之曰:'往迎尔相,承我宗事。勖帅以敬先妣之嗣。若则有常。'子曰:'诺。唯恐弗堪,不敢忘命。'"父亲给儿子倒酒,嘱咐他说:"你去迎娶

《清明上河图》中的迎亲队伍

你的配偶来继承我们家族的事业。勉励她遵守我们家族的好传统,让她成为贤妻良母,让我们的好家风代代相传。"儿子要回答:"好的。我担心自己做不好,但是不会忘记父亲的教诲的。""醮"的仪式也要分对象,"嫡妇则酌之以醴。庶妇使人醮之"。如果娶的是正妻,父亲要亲自给儿子倒酒,如果娶的是妾,那父亲就请人代为醮礼。举行了简单的"醮"仪式后,新郎就可以出门迎亲了。女方也要举行一定的仪式等待男方迎娶,《仪礼·士昏礼》:"父醴女而俟迎者,母南面于房外。女出于母左,父西面戒之,必有正焉,若衣,若笄。母戒诸西阶上,不降。"父亲给

女儿倒上甜酒等候迎亲的人到来，母亲在房子外边面向南方。女儿从母亲的左边走过，父亲站在东边嘱咐她，给她赠送礼物，例如衣服、发簪之类的东西。母亲在西边的台阶上教导女儿出嫁要注意的事项，不需要走下台阶。

3. 婚礼的关键环节与"卺"

不管古代还是现代，婚礼上都要举行喝交杯酒的仪式，这是婚礼上的一个重要环节。喝交杯酒在古代叫合卺。

卺 jǐn　《说文》："谨身有所承也。从己、丞。"意思是要端正自身，有所担待，暗示喝过交杯酒，要负起做男人的责任。这个字由"己"和"丞"组成，段玉裁指出"丞即承也"，"己"就是自身，"承"的甲骨文形体为，上面是一个人，下面是一双手，意思是用手将一个人捧起来，所以段玉裁说："承者，奉也，受也。"《康熙字典》引《广韵》说："卺，以瓢为酒器，婚礼用之也。"孔颖达《礼记·昏义》疏："卺，谓半瓢，以一瓠分为两瓢，谓之卺。婿之与妇，各执一片以酳。""卺"是把一个匏瓜剖成两半，变成两个瓢，新郎新娘各拿一个，用来饮酒，这叫做合卺。而匏是苦不可食之物，用来盛酒必是苦酒。所以，夫妻共饮合卺酒，不但象征夫妻合二为一，自此永结同心，而且也含有让新娘新郎同甘共苦的深意。因此"合卺"是男女结婚最重要的仪式，从此以后这对男女就是一家人了。所以后代用"合卺"表示结婚的意思。

青玉英雄合卺杯（故宫）　　朱雀衔环合卺杯（汉）

"合卺"之礼始于周代，后代举行合卺礼沿用匏，也有用金玉或陶瓷等模仿瓠做的专用器具。现代婚礼上"喝交杯酒"的习俗正是源自这里。宋代婚礼"合卺"礼毕后还有将卺投掷在床下，根据卺的俯仰来看日后夫妇是否和谐的习俗，宋孟元老《东京梦华录·娶妇》对此有过描写："互饮一盏，谓之交杯酒。饮讫，掷盏并花冠子于床下，盏一仰一合，俗云大吉，则众喜贺，然后掩帐讫。"这段话的意思是：新郎和新娘在洞房内喝交杯酒，喝完将酒盏和新娘的花冠一起投到床下，如果酒盏一俯一仰，当时的习俗认为是大吉大利，大家都会上前祝贺，然后才把帷帐拉上来，"合卺"的仪式就算结束了。

4. 随嫁与"媵"

先秦以来，中国娶亲都有送嫁的习俗，送嫁的人叫"媵"。

媵 yìng　《说文》："送也。"指的是送嫁的人，这
个字在古代文献中较常见，例如《左传·成公八年》：
"凡诸侯嫁女，同姓媵。"《释文》："古者同姓娶夫人，
则同姓二国媵之。"唐代孔颖达在解释《诗经·召南·
我行其野》说："妾送嫡而行，故谓妾为媵。"嫡，指出
嫁女，也指正妻；妾，指妹妹、侄女等随嫁的女孩子。
意思是，贵族男子结婚，新娘的姐妹或者侄女会作为妾
侍陪嫁，她们被称为"媵"。《仪礼·士昏礼》注："古
者嫁女，必娣侄从之，谓之媵。"这与孔颖达的说法
相同。

先秦送嫁的习俗与后代非常不同。现代结婚也有同龄女孩
"作姊妹"的习俗，但是她们送嫁结束后就会返回自己的家里。

媵送的习俗在先秦上层社会非常流行。《仪礼·士昏礼》有
关于"媵"在新郎、新娘入洞房的描写："共牢合卺既彻，主人
说服于房，媵受。妇人说服于室，御受。姆受巾。御衽于奥，媵
衽良席在东，皆有枕，北止。主人入，亲说妇之缨。烛出。媵馂

主人之余，御馂妇人之余，赞酌外尊酳之。"

　　这段话的大致意思是：婚宴上夫妇同吃同一头牲口上的肉，喝过交杯酒之后，就准备洞房。新郎在卧室旁边的房间脱下礼服，交给"媵"，新娘在卧室里除下礼服，交给"御"（新郎的侍女）。婢女准备好拭擦的手绢。"御"在卧室的西南角给新娘铺席子，"媵"在偏房给新郎铺席子，都有枕头，头朝南，脚向北。新郎进入卧室，为新娘脱下礼帽。侍女拿着蜡烛离开卧室。"媵"吃酒席上新郎吃剩的饭菜，"御"吃新娘吃剩的饭菜，吃完后就拿房户外的酒樽喝点酒漱口。在整个过程中，"媵"每做一件事情都是与男方交接。这种习俗在先秦以后就不复存在了。

　　婚姻大事与社会变迁息息相关，每个时代的习俗都不一样，通过考察汉字的结构和意义，还可以掀开尘封的历史，了解汉民族先民的遗俗，尽管这只是管中窥豹，但是可以为后人留下遐想的空间。

三、汉字与丧俗

每个人最终都要走向死亡，死亡是人类永恒的话题。人类在处理死者的遗体时有很多不同的方法和传统，例如古埃及国王的遗体要制作成木乃伊；古印度人的遗体进行火化后要投入恒河，使得灵魂再次轮回；我国藏族人的遗体往往在举行仪式后斫成碎块让秃鹫啄食，企望秃鹫将其灵魂带上天堂。长期以来，汉族人采取的是土葬的形式，丧俗中有两个非常明显的特点：①事死如事生；②体现血缘、尊卑关系。因为丧俗与人的生活息息相关，汉字里有一批字记录了曾经的传统，通过观察和分析，我们可以了解当时丧俗的一些内容。

（一）葬俗的演变与相关汉字

汉民族对亲属遗体的处理方式随着时代的变化而变化。在远古时代，埋葬的习俗非常简单，《周易·系辞下》说："古之葬者，厚衣之以薪，葬之中野，不封不树，丧期无数。"这句话的意思是：古代的丧葬是用柴草将尸体包裹起来，扔到荒野之中，既不用土筑成土堆，也不种树做标记，也不存在守丧期限的问题。《孟子·滕文公上》分析了土葬产生的原因：

"盖上世尝有不葬其亲者。其亲死，则举而委之于壑。他日
过之，狐狸食之，蝇蚋姑嘬之。其颡有泚，睨而不视。夫泚也，
非为人泚，中心达于面目。盖归反虆梩而掩之。掩之诚是也，则
孝子仁人之掩其亲，亦必有道矣。"

这段话的意思是：古代人们的父母去世后是不埋葬的。父母
死后就抬出去扔到山沟里。有一天，有个孝顺的儿子路过山沟，
看到父母的尸体被狐狸等野兽撕食，苍蝇、蚊子叮咬。这种惨象
让孝子的额头都冒汗了，斜着眼睛不忍心看。他额头冒汗是因为
内心的悲戚由心里表现到了脸上。于是他跑回家里，拿起畚箕和
铁锹用土把尸体掩盖起来，不让野兽昆虫吞噬。掩埋父母的尸体
是很必要的，因此孝子和有道德的人在埋葬父母的时候一定会讲
究方法。所以汉民族的祖先在很早的时候就采用了土葬的办法，
"入土为安"的观念也慢慢深入汉民族的心灵当中。从"葬"、
"墓"、"坟"、"棺"、"椁"、"柩"诸字可以看出丧俗的变化。

> **葬 zàng** "葬"的甲骨文形体为㮣，由丨、丿、阝三部
> 分组成，丨代表的是一张木板，丿是一个人，阝是人的残
> 骨，合起来就是一块木板上躺着一具尸体，这是抬尸体
> 出去埋葬的情形。其小篆的形体为葬，字形由"茻、死、
> 一"三个部分组成，"茻"为草丛，"死"义为尸体，
> "一"表示尸体被抬出野外时所用的木板之类的东西。

《说文》："葬，藏也。从死在茻中；一其中，所以荐之。"分析得很形象，与《周易》记载的"古之葬者，厚衣之以薪，葬之中野"的描述也非常吻合。后代的埋葬就不是简单地用土掩盖尸体了，而是需要举行一定的仪式来表达对死者的敬意。《荀子·礼论》："故葬埋敬藏其形也。"意思是埋葬要怀着敬畏之心来掩埋死者的形体。中国古代还有厚葬的习俗，举一个例子，苏武去世后，皇帝"赐钱二百万以葬"。有人计算过，汉昭帝时期二百万钱可以买四十万斛谷子，相当于现代的5 400万斤。苏武只是一个普通的官员，而真正的权贵肯定不止于此。王充在《论衡·薄葬》公开抨击这种现象："如明死人无知，厚葬无益，论定议立，较著可闻，则玙璠之礼不行，径庭之谏不发矣。"

土葬的习俗是要将尸体掩埋在泥土里。现在把尸体掩藏的地方统称为坟墓。在中国古代，坟与墓是有区别的。清代段玉裁解释说："析言之则墓为平处。坟为高处。"意思是与地面齐平的，没有土堆的是墓，用沙土堆起土堆的是坟。春秋以前，中原地区的墓葬都是在地面挖坑，把尸体放入后填平，上面不堆土堆。西周时期，长江下游地区因为地下潮湿积水，人们不在地面挖坑，而是在地上用鹅卵石铺一个墓穴的范围，在上面放棺椁，然后用沙土将棺椁埋起来，形成一个大土堆，这个土堆就叫做"坟"。

春秋时期中原地区折合了长江下游地区的做法，形成了既有墓穴又有土堆的墓葬格局。

    墓 mù 《说文》："丘墓也。"段玉裁解释说："墓，冢茔之地，孝子所思慕之处。然则丘自其高言，墓自其平言，浑言之则曰丘墓也。墓之言规模也。《方言》：凡葬而无坟谓之墓。所以墓谓之墲。"这段话的意思是："墓"是坟冢所在的地方，"墓"与"慕"同音，用同音字来解释，所以说"墓"是孝子思慕死去父母的地方。"丘"是根据这个地方的高度来说的，"墓"是根据地形平坦来说的，如果不作区别就可以统称为"丘墓"。"墓"与"模"音近，也可以用同音字来解释，所以说"墓"是"规模"的意思。《方言》说："凡是埋葬没有坟的就叫做墓。"所以"墓"也可以叫做"墲"。"墲"以"無"为声符，"無"是没有东西的意思。人埋葬之后没有筑坟，什么东西都没有，所以"墓"也可以叫"無"，写作"墲"。《礼记·檀弓》："古也墓而不坟。"古代埋葬是只有墓没有坟的。这说明古代的"坟"和"墓"意思不同。

    坟 fén 《说文》："坟，墓也。""坟"原来并不是坟墓的意思，而是指河边的大堤，《尔雅·释丘》："坟，

大防。"《说文》："防，堤也。""防"是堤坝的意思，
"坟"是大的堤坝。《周礼·稻人》："以防止水。"意思
是筑堤来阻止水患。《尔雅·释地》："坟莫大于河坟。"
所有的河边大堤没有哪一个是比黄河的大堤大的。由于
大堤是堆积泥土筑成，所以凡是隆起的大土堆都可以叫
"坟"。《方言》："坟，地大也，青幽之间，凡土而高大
者谓之坟。""坟"是土地宽广的意思，青州和幽州之间
的地区凡是高大的土堆都叫做坟。屈原《九章·哀郢》：
"登大坟以远望兮。"这里的"大坟"不是大的坟墓，而
是高大的土堆。由于有些地方人死埋葬之后要堆一个大
土堆，这种土堆也可以叫做"坟"，所以《说文》解释
说："坟，墓也。"

在周朝，不同阶层的坟墓大小已经有规定，据《春秋经纬》
记载："天子坟高三仞，诸侯半之，大夫八尺，士四尺，庶人无
坟。"周代一仞是八尺，一尺相当于现在的23.1厘米。天子的坟
高5.54米，诸侯的2.77米，大夫的1.85米，士的0.92米，平
民百姓不许堆坟头。到了汉代，政府更是以法律的形式规定不同
等级的人坟墓的高低大小，违反者就要受到处罚。汉律（汉代的
国家法律）规定："列侯坟高四丈，关内侯以下至庶人各有差。"
现代有人认为汉代关内侯的坟高三丈五尺，中二千石到比二千石
的坟高三丈，一千石到比六百石的坟高二丈五尺，四百石到比二

百石的坟高二丈，庶人的坟高一丈五尺。汉代一丈比现在一丈短一些，约等于2.31米。关内侯是指有封号、没有封地的诸侯，他们的坟墓高8.085米；中二千石指的

汉武帝茂陵的封土堆

是太守一类的官员，坟高6.93米；一千石指的是丞相长史一类的官，比六百石是指太史令、郡丞一类的官员，他们的坟高5.77米；四百石指的是中等县的县长、大县的县丞一类的官员，二百石是指一般的县丞、县尉一类的官员，他们的坟高4.62米；普通老百姓允许堆坟头，但是他们的坟最高不能超过3.46米。地位显赫的诸侯王，坟高接近10米（4丈，约9.24米），皇帝的坟墓一般都在10丈以上，例如汉武帝的茂陵高约46.5米。

因为政府对坟墓的高度有规定，不遵守规定的人就要被惩罚，例如汉代《潜夫论·浮侈》记载："明帝时，桑民枞阳侯坐冢过制髡削。"枞阳侯因为父母的坟墓超过了当时的规定而被判处髡刑，被剃光了头发。唐宋之后，官方对坟墓高度的要求更加严格，坟墓的高低大小被看作是个人身份和地位的象征。

在远古时代，尸体扔到荒野之中是不种树的，到了后代实行土葬，才会在坟上种树。古人当初的想法一方面可能是种树可以保持水土，防止坟墓被雨水和风沙破坏；另一方面可以为死者遮阴。在周朝，政府对坟上种树已有规定，据《春秋经纬》记载：

"天子树以松，诸侯树以柏，大夫树以栾，士树以槐，庶人树以杨柳。"汉代以后，国家对坟上种树的规定慢慢淡化，民间可以自由选择树的种类，例如《孔雀东南飞》，焦仲卿和妻子刘氏殉情之后，"两家求合葬，合葬华山傍。东西植松柏，左右种梧桐"。焦仲卿是个小官，他的坟头也可以种植松柏和梧桐。

既然是土葬，就需要装载尸体的器具。在远古时代，人们用柴草将尸体包住扔到荒野之中。随着土葬的兴起，装载尸体的器具也跟着发生了变化。据汉代人的记载，远古时代人们曾经一度使用瓦棺，到了上古时代才大量改用木头。

棺 guān 《说文》："关也，所以掩尸。从木官声。""棺"是"关闭"的意思，这里采用了以同音字来解释词义的方法，"棺"与"关"同音，"棺"的作用是将尸体关闭起来，所以"棺"的功能是掩藏尸体。这个字从木，说明这种器具的材料是木头。《白虎通》："棺之为言完，所以藏尸令完全也。""棺"是"完全"的意思，用它来埋藏尸体，可以让尸体完好。这里也是采用音近字释义的方

南越王墓的漆彩龙纹外棺

法，"棺"与"完"音近。"棺"字在古代还有另外一种写法，即写作"宎"，上边是一个"穴"字，下面是一个"木"字。这是一个会意字，"穴"是墓穴的意思，墓穴里放的木头就是棺材。这个字很形象地揭示了土葬的特点。

椁 guǒ 《说文》："椁，葬有木覃也。从木覃声。""覃"同"郭"，其甲骨文形体为 ⛩，可以看得出来它像一个两边筑了烽火台的城堡形象，"覃"的本义是城郭（外城）。古人的棺材分为两层，里边的叫"棺"，外边的叫"椁"。椁比棺大，是套在棺材外边保护棺材的，棺椁的格局就像一座城市，里边是建筑，外边是城墙。这也是它为什么叫"椁"的原因。《史记·张汤列传》："汤母曰：'汤为天子大臣，被污恶言而死，何厚葬乎！'载以牛车，有棺无椁。"汉代张汤刚直不阿，主张严刑峻法，由此得罪了权贵，被强令在家里自杀。在办后事的时候，张汤的母亲说："张汤是天子的大臣，现在遭受谗言而死，厚葬有什么用呢？"出殡的时候用牛车将张汤的灵柩运出去，只有里棺而无外椁。这里"棺"和"椁"是相对的，可见它们是有区别的。

榇 chèn 《说文》："榇，棺也。从木亲声。"《玉篇》："亲身棺也。""榇"跟"椁"一样，是最靠近棺木的一层，因为它与棺木贴在一起，跟死者的身体最亲近，所以就叫做"亲"，字写作"榇"。

据史书记载，商朝人已经开始用棺椁埋葬。据《礼记·檀弓上》记载，天子的棺椁有四重，三公的棺椁三重，诸侯的两重，大夫的一重，士只有棺而无椁。《庄子·杂篇·天子》也有记载："天子棺椁七重，诸侯五重，大夫三重，士再重。"《荀子·礼论》则认为："天子棺椁十重，诸侯五重，大夫三重，士再重。"棺椁的厚度也有规定，《礼记·丧大记》记载："国君大棺八寸，属六寸，椑四寸。上大夫大棺八寸，属六寸。下大夫大棺六寸，属四寸。士棺六寸。"注："大棺最在外，属在大棺内，椑又在属内，是国君三重也。"国君的棺材外棺厚八寸，属棺厚六寸，椑棺厚四寸。上大夫外棺八寸，属棺六寸，没有椑棺。下大夫外棺六寸，属棺四寸，没有椑棺。一般的士人只有六寸的外棺。因为用椁的费用很高，穷苦人家往往花费不起。《论语》记载："颜渊死，颜路请子之车以为之椁。子曰：'才不才，亦各言其子也。鲤也死，有棺而无椁。'"孔子的得意门生颜回死了，颜回的父亲颜路请求孔子把车子卖掉给颜回购置椁。孔子很反对这件事情，说有没有才能都是自己的儿子，这种心态我是理解的，但是我的儿子孔鲤去世的时候也是只有棺木没有椁的啊。言外之意是操办丧事要根据自己的财力，财力不足就简单一点吧。

古墓发掘现场的棺与椁

（里边是棺，外围的木框是椁）

长沙马王堆汉墓

1号墓的一棺四椁

柩 jiù 《说文》："柩，棺也。从匚从木，久声。"《小尔雅》："有尸谓之柩。"为什么装了尸体的棺木叫做"柩"呢？《释名》解释说："在床曰尸，在棺曰柩。柩，究也，送终随身之制皆究备也。"尸体还停放在床上的叫做尸，放到棺木里边的就叫做柩，柩是究的意思，是尸体的处理的礼节已经全部做齐了。《白虎通》："柩，久也，久不复变也。"认为"柩"是久的意思，尸体放进棺木之后就不会再去改变它了。

（二）叫魂与相关汉字

随着社会的发展，人们的心里出现了"鬼神"和"灵魂"等一系列的观念，认为人有灵魂，一旦灵魂离开了人体，人就会死亡，人死了之后会变成鬼。鬼和灵魂能够感知人世间的事情，会对活人产生影响，高兴的时候则会保佑人们，发怒的时候则会对人们进行作弄和惩罚。为此，中国古人大多都有"敬鬼神而远之"的心理。

在中国古代，人们面对死亡的态度似乎比较坦然，这与人们的死亡观念有很大关系。

　　鬼 guǐ　《说文》："鬼，人所归为鬼。"《尔雅·释言》："鬼之为言归也。"郭璞注："古者谓死人为归人。"在古人看来，人死了就像回家一样，那是最后的归属，是很自然的事情，所以不觉得可怕。《礼记·祭义》："众生必死，死必归土，此之谓鬼。"《韩诗外传》中说："人死曰鬼，鬼者归也，精气归于天，肉归于地。"古人认为"鬼"是阴气，阴气重浊，所以它会归附于土地里，人死了要埋在地里，就是让它有所附着。鬼是人们想象出来的形象，其甲骨文字形体为 ，下面是一个"人"字，上面像一个可怕的脑袋。由于对死亡的恐惧，人们对鬼也产生恐惧感。"鬼"除了可以表示人死后的灵魂，也可以指代万物的精怪。《论衡·订鬼》"鬼者，老物之精也"和杜甫《移居公安山馆》"山鬼吹灯灭，厨人语夜阑"中的"鬼"都是指精怪。

　　魂 hún　《说文》："魂，阳气也。"《论衡·纪妖》：

"魂者，精气也。"阳气就是人的精气，它可以脱离人的身体而游荡，永不死亡，所以《周易·系辞》提到："精气为物，游魂为变。"《白虎通》："魂，犹伝伝也，行不休于外也，主于情。""伝伝"是飘忽不定的意思，"魂"好像是漂浮不定的东西，在外边游荡，永不停息。它主宰着人的精神。"鬼"属阴，"魂"属阳，阳气清轻，所以人死之后，"魂"要回归到天上。古人认为"魂"的形态与"云"相同，所以字从鬼云声，"云"也表示意义。

魄 pò 《说文》："魄，阴神也。"孔颖达注《左传》说："附形之灵为魄。"依附在身体上的灵魂就是"魄"。"魄"指的是活人身体能听、能看等功能，人死之后魄就变成鬼，所以字从鬼白声。

古人觉得人死的过程就是魂魄离开身体的过程。在魂魄离开身体还没走远的时候大声呼叫死者的名字，魂魄听到了可能就会回来，人就能复活了。古书上有关于人临死习俗的一些记载。《礼记·丧大记》："属纩以俟绝气。"古人在人临死前将纩（生丝）放在他的口鼻上，因为生丝轻，容易摇动，如果生丝不动了，人就断气了。人断气之后，他的亲属就会爬上屋顶，大声呼叫死者的名字，希望死者的魂魄能够重新回到死者的身体上。这

长沙马王堆汉墓帛画

（描绘了天上、人间、

地下的生活图景）

就是招魂习俗的雏形。《仪礼·士丧礼》："升自前东荣，中屋，北面，招以衣，曰：'皋某复！'三，降衣于前。"这段话的意思是：人初死，他的亲属从房屋的东边爬到屋顶，面向北方，摇着死者的衣服来招魂，呼叫道："啊——某某你快回来吧！"反复三次，意思是死者的魂魄已经归附于衣服上了，然后将衣服从屋顶丢落到房子的前面，下面有人接着，然后把衣服覆盖在死者的身上。《墨子》："其亲死，列尸弗殓，登屋窥井，挑鼠穴，探涤器，而求之其人焉，以为实在，则戆愚甚矣。"在今天看来，这是愚昧的行为，但是这是当时的习俗。死者的亲属认为死者的魂还没走远，可能是藏在附近什么地方了，或许找找就能把它找回来。所以他们把尸体摆放在家里，跑到屋顶上叫唤，到井口窥视，挖开墙脚的鼠洞，把手伸到瓶瓶罐罐中摸索。这种为亲人重生而作的努力真是让人心热！到了唐代，叫魂的习俗仍然未改，段成式《金刚经鸠异》记载："及明，已闻对门复魂声。问其故，云：'子昨宵暴卒。'"这段话的意思是：等到天亮的时候，听到对门有叫魂的声音，便问主人怎么回事。主人说："儿子昨天夜里突然生病死了。"

鬼魂的观念慢慢深入人心，对死的说法可以看出这种变化。亲人的逝去是惨痛的事情，所以古人往往不直接说死，而是采取一些委婉的说法。

死 sǐ 《说文》："死，澌也，人所离也。从歹从人。""澌"是水干的意思，人体的水分干枯了，人就死了，剩下一把枯骨。所以这个字从歹，"歹"是残骨的意思。"死"，甲骨文的形体为𣦸，左边一个"歹"，右边一个"人"，合起来以人的残骸来表示死亡。死亡是人的形体与魂魄相分离，所以《说文》说"人所离"。《列子·天瑞》："死者，人之终也。"死了就是生命到了尽头。

亡 wáng 《说文》："亡，逃也。"所以段玉裁说："亡，非死之谓。"意思是"亡"的本义不是表示死亡，而是表示逃跑。"亡"的甲骨文形体为𠃊，乚表示的是人，𠃊形体变化之后为"乚"，读 yǐn，是隐蔽的意思，两个符号结合起来是一个人跑到拐弯的地方藏起来，用以表示逃跑的意思。《史记·陈涉世家》："今亡亦死，举大计亦死。"陈胜、吴广被征发去戍守边疆，在路上遇到大雨，耽误了行程。按照秦朝的法律，他们是要被处死的，所以他们密谋说："逃跑被抓到了要被处死，起义失败了也是被处死，同样是死，为国家大事而死不是更好吗？"这句话里的"亡"就是用了本义"逃跑"。人死被埋葬以后就再也见不到了，这与逃亡一样，人逃跑了也见不到了，所以人们用"亡"来指代死。

丧 sàng 《说文》："丧，亡也。从哭从亡。""丧"的本义指丢失、失去。《易·坤》："东北丧朋。"马融注："丧，失也。""丧"的甲骨文形体为𡘜，是一个形声字，三个"口"表示意义，"桑"表示声音。也有写作𡘜，这是在𡘜的基础上加上"亡"、"人"、"止"三个部件，强调由于人的逃跑（"止"表示的是人的运动）而不见了。古人认为人死是因为魂跑掉了或者魂丢失了，这跟人逃跑或东西丢掉有相似之处，所以就用"丧"来婉称死亡。

（三）殓尸与相关汉字

土葬产生以后，尸体往往要经过一系列的仪式才抬出野外埋葬。从"琀"、"殓"、"奠"、"殡"诸字可以看到古代停灵、殓尸的一些习俗。

　　琀 hán　　《说文》："琀，送死口中玉也。从玉从含，含亦声。""琀"是填塞到死者口里的玉，因为是含在口里的，所以就叫"含"，字作"琀"。《荀子·大略》："玉贝曰琀。"琀除了玉之外，往往还伴用贝和稻米，意思是给死者饭吃，所以又称"饭琀"。

　　从古文献记载可以看出，生前地位不同，死后琀的质地也不同。《公羊传·文公五年》何休注："天子以珠，诸侯以玉，大夫以碧，士以贝……文家加饭以稻米。"《说苑·修

曾侯乙墓的玉琀

文》："天子含实以珠，诸侯以玉，大夫以玑，庶以谷实。"唐代规定："一品至于三品，饭用粱，含用璧；四品至于五品，饭用稷，含用碧；六品至于九品，饭用粱，含用贝。"明代规定："饭含，五品以上饭稷含珠，九品以上饭粱含小珠。"平民多数用铜钱作为口琀，寓意是死者带钱到另一个世界使用。自汉代开始，这一形式就一直被沿用下来。从考古发现的情况，也可以看出中国古代给死者饭琀的流行程度。1953 年发掘的安阳大司空村墓地，165 座商代的墓葬中，83 座葬有贝，除去十座被盗墓贝的出

土位置不详外，余下的 73 座墓中有 49 座发现墓主口中含贝。死者所含贝的数量为一至四枚，都是利用天然的海贝在背面钻一个小孔制成。1977 年，湖北随州曾侯乙墓墓主口中所含的玉共有 21 件，计有玉牛 6 只，玉羊 4 只、玉猪 3 只、玉狗 2 只、玉鸭 3 只、玉鱼 3 条。

给死者饭琀的目的，何休注在《公羊传·文公五年》解释说："孝子所以实亲口也，缘生以事死，不忍露其口。"唐代孔颖达在《礼记正义》中则不仅指出饭琀是不使虚其口，还解释了为什么要用米和贝。他说："死者既无所知，所用饭用米贝，不忍虚其口。既不忍虚其口，所以不用饭食之道以实之。必用米贝者，以食道亵，米贝美，尊之不敢用亵，故用米，美善焉尔。饭食人所造，细碎不洁，故为亵也。米贝天性自然为美，凡含用米贝。"死去的人已经没有知觉，给他们吃的饭就用米和贝，目的是不忍心看着他们空着口而离开人世。既然是不忍心让他们空着口，就不能用活人吃的米饭来给他们吃了。因为活人吃的东西不干净，而米和贝天然洁净，要尊敬死者就不能用不干净的东西，所以用米。米饭和肉食是人们烹煮出来的，不完整，不干净，用它们填塞到死者嘴里是对他们的亵渎。米和贝出自天然，非常美好，所以饭琀就要用米和贝。这种解释还是具有一定的可信度的。

根据古书记载，饭琀是在给死者沐浴之后进行的。丧主（一般是死者的长子或最亲的亲属）用楔齿（一种长六寸，两头屈

曲，可用来支撑的角质匙）将死者的
牙齿撑开，然后从敦（古代食器，用
青铜做成，盖子和器身都是半圆球
形，各有三只脚或圈脚，上下两半合
起来呈球形，盖子可以倒置）中取
米，放入死者口内的右侧，放三匙，
再加一枚贝；接着用同样的方法在死

古代食器——敦

者的口中和左侧放入米和贝；然后再往死者的口中放米，直至放
满为止。

　　饭琀在先秦时代形式多样，如果是含玉的，大都以长方形、
正方形、圆形、三角形等玉片为主，也有制成玉蝉、玉鱼、玉珠
的，而汉朝人死后饭琀一般用玉蝉，现代汉墓考古中可以印证这
一现象。为什么汉代人喜欢用玉蝉呢？有人做过研究，认为主要
有两方面的原因：一是蝉性高洁，蜕变不死，脱壳重生，具有
"神"的特性。蝉繁殖后代的方式十分特殊，其产卵后，幼虫并
不会马上孵出，而是要在地下蛰伏三年才能从地下钻出；经过蜕
皮才能成为成虫，再飞到树上吟唱。蝉的这种生活习性，给人以
高尚纯洁的感觉。首先，其破茧而出，如同莲花一样出淤泥而不
染。其次，古人认为蝉吃的是清风白露，不夹杂任何污秽之物，
很像不食五谷、餐风饮露的仙人。另外，汉代生死观认为，世俗
生命的终结与生命进入彼岸世界的永生，仅仅是人生命转化的一
种形式，丧葬入殓则是生者帮助死者完成这一转换的礼俗活动，

这种转换就像蝉入地冬眠,来年初春又钻出地面、蜕壳重生、羽化升天的变化道理一样。因而,汉代丧葬入殓大量使用口琀蝉,其实寄寓了生者祝愿逝者死后灵魂顺利升天成仙、生命得以无限延长的愿望。二是玉为天地之精,能调和阴阳、护尸不腐,具有沟通人神的超自然灵性。汉代口琀蝉多为玉质,是缘于汉人迷信玉具有护尸不腐的神奇功效。汉代人认为,只有同时具有灵魂与肉体的人,死后才能实现复生,如果肉体腐败,灵魂与肉体无法结合,死者就难以升天成仙,故而死者口中置玉琀殓尸。古人认为玉为阴阳二气之精,能够调和阴阳、润化万物,而死者入地主阴,所以用阳气之精的玉殓尸,将玉琀置死者口中就可以起到护尸不腐的作用。汉人喜欢用玉殓尸,还因为他们迷信玉有沟通天地人神的特异本领。死者口琀玉蝉,也能在其灵魂升天、生命复生仙化的过程中发挥媒介作用。

鸡心形玉琀

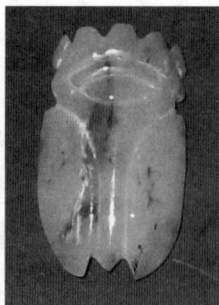

汉代蝉形和田羊脂玉琀

殓 liǎn 该字本来写作"敛",《说文》:"敛,收也。"是收藏的意思。《周礼·夏官·缮人》:"既射则敛之。"注:"敛,藏也。"人死了,用衣服和被子将他包起来,然后放到棺材里再拿去埋葬,这一系列的动作跟收藏物品的做法是一样的,所以早期字都写作"敛"。后来为了区别意义,人们造了"殓"字,特指人死了之后给死者穿衣到放入棺材的过程。《释名》"殓者,敛也,衣死也"说的就是这个意思。

殓分大殓和小殓。小殓是给死者穿殓衣,大殓是把死者尸体入棺。《释名·释丧制》曰:"殓者,敛也,敛藏不复见也。"小殓于去世后第二天早晨在室内举行,大殓则于死后第三天在室外东阶上进行,所谓"小殓于户内,大殓于阼"。

为什么大殓要在人死后第三天才进行呢?《礼记·问丧》解释说:"三日而后殓者,以俟其生也。三日而不生,亦不生矣。孝之心亦益已衰矣。家室之计,衣服之具亦已成矣。亲戚之远者亦可以至矣。是故圣人为之决断,以三日为之礼制也。"根据解释,主要有如下的原因:一是三天之后大殓是在等候死者是否能生还,三天如果还没生还,那就是死了;二是活着的人经过三天,其孝的心意已经尽情表达出来了;三是经过三天,家庭的生活安排,为死者装殓用的衣物也制作好了;四是经过三天,远方的亲戚朋友也赶过来了。所以丧俗规定死者死后三天才入殓,这是有一定理由的。

在小殓之前，要用洗米水给死者沐浴、洗头，先把殓衣（后代也称之为寿衣）放在房中，摆设好小殓床，然后进行着装仪式。这时主人袒露左臂，主人主妇都去掉头饰，盘起头发，并不停地哀哭。执事者开始小殓，先是在床上铺席，不同等级的人，席子有所不同，"君以簟席，士以苇席"（国君用竹席，士人用苇席）。再铺上绞（绳带），绞上铺衾（被子）。殓衣无论尊贵卑贱，都穿十九套。国君不得用别人赠送的衣服。穿好衣服之后，用被子将尸体裹上，然后用绞带捆紧，再把"冒"即布囊上下两只套在尸体上，符合"敛藏不复见"的寓意，最后盖上覆尸的被子。小殓时用的"冒"也有严格的规定，国君上半身用的冒是织锦制的，下半身绣斧文，旁边打七个结。大夫上半身用玄色的帛，下半身也绣斧文，旁打五个结。士的上半身用红色的帛，下半身用铁红色帛，旁边打三个结。小殓完毕后，丧家需为死者举行奠祭，称小殓奠，号哭尽哀而止。当天晚上在庭院中点燃火炬，整夜不熄。

狮子山汉代楚王陵出土的金缕玉衣

秦汉时代，皇帝、贵族的殓衣非常奢华，汉代皇族流行给死者殓服玉衣。这种殓服的外观与人体形状相同，皇帝和部分近臣的玉衣以金线缕结，称为"金缕玉衣"，其他贵族则使用银线、铜线编造，称为"银缕玉衣"、"铜缕玉衣"。汉朝人迷信"玉能寒尸"，为使其尸体不朽，他们用昂贵的玉衣作殓服，但结果适得其反，由于金缕衣价格昂贵，往往招来许多盗墓贼，以致"汉氏诸陵无不盗掘，乃至烧取玉匣金缕，骸骨并尽"。所以三国以后几乎没有皇帝、贵族再穿玉衣入殓。

大殓于小殓的次日举行。大殓时，国君的衣服是一百称，大夫五十称，士用三十称。称是上衣下裳，如同我们现在的一套。大殓时，用布条将尸体捆扎，纵向打三道结，横向打五道结，然后用几重的被子将尸体盖上。裹扎停当之后，由主人抱着遗体放到棺木里，号哭尽哀，然后盖上棺材盖。大殓完毕后，要在室内举行大殓祭奠，将酒菜等摆放在灵座之前，以飨死者。大殓奠祭之后，由丧主和主妇送宾客、兄弟离去，人们在哀哭声中结束大殓仪式。

在古代，人们很讲究入殓的时间，但是各个朝代不一样。据《礼记·檀弓》记载："夏后氏尚黑，大事殓用昏；殷人尚白，大事殓用日中；周人尚赤，大事殓用日出。"夏朝人推崇黑色，大殓在黄昏时分举行；商朝人推崇白色，大殓在正午举行；周朝人推崇红色，大殓在日出时分举行。

（四）报丧、吊唁与相关汉字

人死了之后，死者的亲属要通知亲友，亲友接到死讯后就要到死者家中慰问。

赴 fù　　《说文》："赴，趋也。从走，仆省声。"
"趋"是快跑的意思。古代交通条件不好，报丧要抓紧
时间，传递信息的人几乎都是跑着去的，所以把报丧叫
做"赴"。《左传·文公十四年》："凡崩薨，不赴则不
书。"意思是诸侯死亡，如果不报丧的就不记录到史书
上面。《仪礼·聘礼》："赴者未至，则哭于巷，哀于
馆。"已经提前知道亲友死亡的消息了，如果报丧的人
还没到，就在巷子里哭，在住处寄托哀思。后来为了区
别意义，另外造了一个"讣"字，从言，说明跟言语有
关。报丧是去传递死讯，是要通过话语来完成的。

《仪礼·士丧礼》对于贵族阶层的报丧有相关的记载："乃赴
于君。主人西阶东，南面命赴者，拜送。……赴曰：'君之臣某
死。'赴母、妻、长子，则曰：'君之臣某之某死。'"大臣死了，
派人跑到国君那里报丧，临走前要举行仪式，丧主站在西阶的东
边，面向南方派遣报丧的人，用拜礼送走他。报丧的人到了国君
那里，跟国君说："大王您的大臣某某死了"；如果是大臣的母
亲、妻子或大儿子死了，就要说："大王您的大臣某某的某某亲
属死了。"妾和非长子死了就不用向国君报告了。天子死了，向
各诸侯国报丧，这是很重要的事情，史官要作记录。诸侯国的国
君死了，向其他国家报丧，措辞又不一样，一般是"寡君不禄，
敢告于执事"。意思是我们的国君不能再享受人间的福禄了，现

在冒昧地来告诉管事的人。报丧到后来演变为国家的重要制度，根据《唐律疏议·职制律》、《宋刑统》，"匿丧"或"闻丧不举"是违反守丧之制的，最高刑罚为"闻父、母、夫丧匿不举哀，流二千里"；最低刑罚为"闻缌麻卑幼亲丧匿不举哀，笞四十"（知道了叔父母、堂兄弟、外孙、外甥、女婿、岳父母、表兄、姨兄弟去世了不举哀的，鞭打四十杖）。

亲友听到噩耗便到死者家里凭吊死者，安慰生者，这种行为现在统称为"吊唁"。在古代，"弔"和"唁"的意思是不一样的。"弔"是慰问死者，"唁"是安慰生者。

弔 diào 《说文》："弔，问终也。""弔"字的甲骨文形体为𢎂，是一个人背着弓箭的形象，这跟丧事中的吊唁有什么关系呢？其实这个字隐含着远古时代的遗俗。据《吴越春秋》载："古者人民朴质，饥食鸟兽，渴饮雾露，死则裹以白茅，投于中野。孝子不忍见父母为禽兽所食，故作弹以守之。故歌曰：'断竹续竹。飞土逐肉。'"《说文》："弔，从人持弓，会驱禽。"古代人非常质朴，饿了就吃鸟兽的肉，渴了就喝露水，死了就用白茅草裹着尸体投放到荒野之中。孝子不忍心看到父母的遗体被禽兽撕咬、吞食，就制作了弓箭来驱赶禽兽。他们在驱赶禽兽的时候唱自编的歌谣："砍断竹子，续竹做箭，飞射土块，野兽逃窜。"所以《说文》在分析字形的时候说"弔"字是一个人拿着弓箭，大家一起驱赶禽兽的形象。孝子带了弓箭驱赶禽兽，他们的邻居、亲属看到了，也纷纷带上弓箭上去帮忙。这就是"弔"最初的意思。后来土葬盛行，人们不再需要带着弓箭帮忙驱赶禽兽了。但是这种习俗还继续留存下来，只是形式发生了变化，人们代之以到死者家里慰问。"弔"慢慢与其本义疏远，后来人们造了"吊"字来代替它。"吊"上面是"口"，安慰需要用言语，下面是"巾"，代表布帛财物，这样字形跟意义就联系起来了。

唁 yàn　《说文》："唁，弔生也。""唁"是安慰生者的意思，原来是指对遭遇非常变故者的慰问，到后来才指对遭遇丧事的人的慰问。《诗经·鄘风》："载驰载驱，归唁卫侯。"卫国被犬戎灭亡，卫侯的妹妹许穆夫人驾着快马飞奔回娘家来安慰哥哥。这里的"唁"用的就是本义。

安慰死者要说什么呢？古书有一些记载。如果是凭吊别国国君的，弔辞为："寡君闻君之丧，寡君使某，如何不淑。"如果是凭吊平辈人，则说："皇天降灾，子遭罹之，如何不淑。"如果是代替父母凭吊别人，其辞为："某子闻某之丧。某子使某。如何不淑。"

赙 fù　《说文》："赙，助也。""赙"是帮助的意思。《玉篇》："赙，以财助丧也。""赙"就是送给死者家属用以置办丧事的财物。

赗 fèng　《说文》："赗，赗死者。从贝从冒。冒者，衣衾覆冒之意。""赗"是赠送给死者的东西，这些东西大多是财物，所以用"贝"作偏旁，赠送给死者的东西（衣服、被子之类）的，一般覆盖在死者身上，"冒"有覆盖的意思，所以这个字也用"冒"作偏旁。

"赙"与"赗"的意思是不同的。《公羊传·隐公元年》："车马曰赗，货财曰赙。"这里说，如果给死者赠送车马就叫做"赗"，如果给死者家属赠送钱财就叫做"赙"。所以《仪礼·既夕注》说："赗，所以助主人送葬也。"车马是古代重要的交通工具，难怪《公羊传》直接说"车马曰赗"。《谷梁传·隐公三年》："归死者曰赗，归生者曰赙。""归"通"馈"，是赠送的意思。这句话的意思是：送给死者的叫"赗"，送给生者（死者家属）的叫"赙"。

赙丧的习俗似乎很早就有了，《礼记·檀弓上》就有记载："孔子之卫，遇旧馆人之丧，入而哭之哀。出，使子贡说骖马而赙之。"孔子到卫国去，遇到了掌管旅舍的老朋友去世了，他到死者的家里痛哭，非常悲痛。离开之后，孔子便让子贡把拉车的一匹马卖掉，把钱送给家属埋葬死者。古代的赙赠形式很多，有送钱的，有送布帛的，也有送车马的。现代殡葬改革之后，人们往往代之以送花圈和挽联。

（五）丧服与相关汉字

在远古时代，人们在亲属去世后没有丧服的要求，随着社会的发展，在统治者及儒家学派的鼓吹下，慢慢产生了一套系统的，根据血缘亲疏关系和地位高低制定的丧服制度，并在民间形成了沿袭两千多年的习俗。

  缞 cuī 《说文》："缞，丧服衣。长六寸，博四寸，直心。从纟衰声。""缞"原来指缀于丧服上衣正胸前的一块六寸长、四寸宽的，不缝边的擦拭涕泪用的方布，后来才引申指丧服的。"缞"的小篆形体为繵。缞是丧事期间穿在外面的衣服，它由麻制成，所以字从纟。后代常假借"衰"字来指代，例如《左传·僖公三十三年》："子墨衰绖，梁弘御戎，莱驹为右。"晋文公去世后，秦国借机会挑衅，晋文公的儿子晋襄公把白色的孝服染成黑色，梁弘为他驾驭兵车，莱驹担任车右武士。这里"衰"的本字就是"缞"。

绖 dié 《说文》:"绖,丧首戴也。从糸至声。"这里认为"绖"是丧事期间戴在头上的麻带,其实"绖"可以缠在头上,也可以缠在腰间,例如《史记·孔子世家》:"孔子要绖,季氏飨士,孔子与往。""要"是"腰"早期的写法,"孔子要绖"就是孔子腰上缠着绖带,是服丧的着装。

在早期社会,人们没有丧服的制度,周朝初期,上至天子,下至平民,亲属死亡在衣着上也没有特别的体现。有人研究《尚书》,指出周成王死后,周康王及公卿大臣都是穿着平常的衣服。到了春秋时代,丧服的雏形开始出现,这时候的丧服是没有花边、不着颜色的素衣、素冠、素韠(一种遮蔽在身前的皮制服饰),是一种淡雅的装束。到了春秋战国之际,完整的丧服制度就形成了。根据死者的身份地位和与死者的亲属关系,形成了五等的丧服制度,也就是传统说的"五服",包括:斩缞、齐缞、大功、小功、缌麻五种丧服的形式。丧服一般在小殓之后就开始穿着,然后根据亲疏关系在丧期结束后才脱掉。

斩缞 《仪礼·丧服》:"斩缞裳,苴,绖、杖带,冠绳缨,菅屦者。"斩缞是不缝边的丧服,表示亲人离世、无心修饰的意思,这种丧服要用三升麻制作。升,表示布的粗疏,布八十缕为一升。三升布,即每幅宽一

明代丧服——斩缞

尺二寸，约合现在44厘米的布，有二百四十缕，这种布非常粗。先斩布，后制作，所以叫做"斩缞"。"苴"是带子的麻，用一整根分别做成首绖和腰绖。用竹子做成竹杖，因为竹子是圆形的，像天，并且内外都有节，象征儿子为父亲的死亡有内外之痛。竹子冬夏四时不变，象征儿子为父亲去世的悲痛经历寒暑不变。

"冠"（帽子）要用六升布来制作，线缝在右边，毛边向外，弯曲一根绳子作为帽卷，绳子垂下来的部分作为帽缨。按照规定，做缞服和冠的麻布都不能用草木灰椎洗，因为一洗麻就会变得很细腻。"菅屦"就是用菅草编的鞋子，非常粗糙。妇女的斩缞跟男子的稍有不同，她们的缞是没有绖带系的，头上戴的是布点，用六升布做成帽子的形状，将头发包起来，再用篸竹（小竹子）做的发簪贯穿其间。

斩缞是丧服中最重的一种，要穿这种丧服为亲人守丧三年。根据要求，应该穿斩缞的丧主有儿子为父亲，未出嫁的女儿为父亲，妻妾为丈夫，父亲为长子（因为长子要代替父亲成为宗庙主，要授予重任），诸侯为天子，大臣为国君。

齐缞 《仪礼·丧服》："疏缞裳齐，牡麻绖，冠布缨，削杖、布带、疏屦三年者。""疏缞裳"是指用粗布做成的缞衣，跟斩缞形制一样，只是它的边缘是缝起来的，显得比较整齐，所以叫"齐缞"，齐缞要用四升布来制作；"牡麻绖"就是用枲麻（大麻）做的绖；"冠布缨"指以七升布做的冠，形状跟斩缞的一样；削桐木作为

明代丧服——齐缞

拄杖，杖的下方削成方形，象征大地，以大地来象征母亲，桐木外面没有枝节，象征家无二尊，母亲的地位稍低于父亲，所以就用齐缞；"布带"是用七升布做成的；"疏屦"是用草编的草鞋，质地比"菅屦"要细。

穿齐缞的丧期有三年、一年（期年）、三个月不等。三年丧期的情况有：父亲去世了，儿子为母亲、为继母；母亲为长子。一年丧期的有：父亲在世，为母亲、继母；为妻子；为祖父母；为兄弟；为除长子之外的儿子和未出嫁的女儿等。三个月丧期的有：为曾祖父、为家族的长子、为不同居的继父等。

明代丧服——大功

大功　大功的丧服形式是：布缘裳（用八升或九升的布做成）；牡麻绖、布带。大功的守丧时间有九个月、七个月和三个月几种形式。这类丧服是为殇死，即短命早死的人穿的，所以也叫"殇服"。

男子未举行冠礼，女子未举行及笄礼而死亡的叫做"殇"，十九岁到十六岁而死的叫长殇，十五岁到十二岁而死的叫中殇，十一岁到八岁而死的叫下殇，不满八岁的为无服之殇。长殇的服丧九个月，丧服的绖带上有缨；中殇的服丧七个月，绖带上无缨。

要服大功丧服九个月到七个月的有：父亲为长殇、中殇的儿子和未出嫁的女儿；为长殇、中殇的叔父；为长殇、中殇的堂兄弟的儿子和未出嫁的女儿。服大功丧服三个月的有：为已经出嫁的姑姊妹；为丈夫的祖父母等。

小功　小功的丧服为布缘裳（用十一升布制成）、澡麻带、澡麻绖。澡麻是经过浸泡，去掉了外皮的麻。小功也是为殇死而穿的丧服，守丧时间有五个月和三个月。

穿小功丧服五个月的有：为下殇的叔父、嫡孙、疏堂兄弟、未出嫁的女儿；为丈夫长殇的叔父等。穿小功三个月的有：为疏堂祖父母；为丈夫已经出嫁的姑姊妹等。

缌麻 这是五服中最轻的丧服，以细麻布做缕裳，以澡麻为经带。缌麻丧期三个月。

穿缌麻丧服的有：为同族的曾祖父母、同族的祖父母；为曾孙；为父亲的姑姑；为妻子的父母；为舅舅；为舅舅的儿子；为姑姑的儿子；为外甥等。

明代丧服——小功

明代丧服——缌麻

在战国时期，要守三年丧期的有：儿子为父母，大臣为国君，妻子为丈夫，父亲为长子。到了汉武帝时期，大臣为国君守丧三年的规定被废除了，而儿子为父母守丧

三年的习俗则一直延续到近代。

古人的丧服制度特别强调血缘和地位。根据血缘关系，以自己为起点，可以分为九族，在九族的基础上按照血缘关系分为五服。下面是九族五服的关系图。

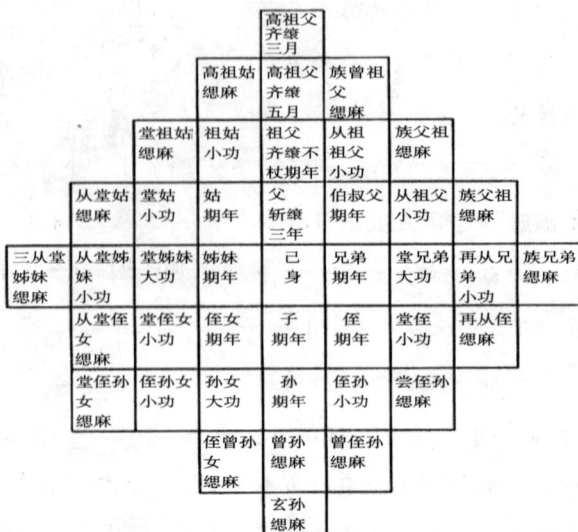

				高祖父 齐缞 三月				
			高祖姑 缌麻	高祖父 齐缞 五月	族曾祖父 缌麻			
		堂祖姑 缌麻	祖姑 小功	祖父 齐缞不杖期年	从祖祖父 小功	族父祖 缌麻		
	从堂姑 缌麻	堂姑 小功	姑 期年	父 斩缞三年	伯叔父 期年	从祖父 小功	族父祖 缌麻	
三从堂姊妹 缌麻	从堂姊妹 小功	堂姊妹 大功	姊妹 期年	己身	兄弟 期年	堂兄弟 大功	再从兄弟 小功	族兄弟 缌麻
	从堂侄女 缌麻	堂侄女 小功	侄女 期年	子 期年	侄 期年	堂侄 小功	再从侄 缌麻	
	堂侄孙女 缌麻	侄孙女 小功	孙女 大功	孙 期年	侄孙 小功	尝侄孙 缌麻		
			侄曾孙女 缌麻	曾孙 缌麻	曾侄孙 缌麻			
				玄孙 缌麻				

九族五服关系图

（六）哭丧与相关汉字

古代丧事还有一个重要的习俗是哭丧。为了表达对死者的哀痛，先秦时期最流行的是"辟踊"。

擗 pǐ　《广韵》："擗，拊心也。"用今天的话来说是自己用手捶击胸口，这是非常伤心的表现。"擗"字后来被"辟"字代替。《诗经·邶风》："静言思之，寤辟有摽。"这句诗的意思是：静下心来思前想后，捶胸击首怒气难消。"寤"是醒来的意思，"辟"通"擗"，敲打胸部，"有"是先秦汉语的一个词头，"摽"是捶击的意思。

踊 yǒng　《说文》："踊，跳也。"字的意思是顿足，这也是悲伤的表现。

"擗"和"踊"一般合用写作"擗踊"，用来专指哭丧的形式。《礼记·檀弓》："辟踊，哀之至也。"孔颖达解释说："拊心为辟，跳跃为踊。孝子丧亲，哀慕至懑，男踊女辟，是哀痛之至极也。"孔颖达的意思是捶击胸口叫辟，以脚顿地叫做踊。孝子死了父母，难过得无处发泄，所以就捶胸顿足，这是悲哀的极致了。男子辟踊的时候往往要裸露上身，所谓"袒而踊之"，女子不能袒露胸部，所以哭丧只要求用力拍打胸口，踩着脚哭，捶胸发出的声音大，就说明有孝心。

什么时候辟踊是有规定的。据《礼记·檀弓》载："辟踊，哀之至也。有算，为之节文也。"疏："男踊女辟，哀痛之至。若无节限，恐伤其性，故辟踊有算。算者，数也。每一踊三跳，三踊九跳，都为一节。士三踊，初死日一踊，小殓一踊，大殓一踊。凡三日为三踊。大夫五踊，诸侯七踊，王九踊。"这段话的意思是：哭丧时，男的跺脚跳跃，女的捶胸顿足，非常伤心。如果没有节制，就会伤害身体，所以辟踊有数量规定。每一踊就要跳跃三次，三踊跳跃九次，加起来算是一节。根据等级不同，士人死后只能哭踊三次，刚死那一天一次，小殓的时候一次，大殓的时候一次，总共三天，一天一次。大夫规定只能哭踊五次，诸侯七次，诸侯王九次。

（七）停灵与相关汉字

奠 diàn 《说文》："奠，置祭也。从酋。酋，酒也。下其丌也。""奠"就是拜祭的意思，字从"酉"，"酉"是酒的意思，下边的"大"是"丌"的变体，"丌"是几案的意思。整个字就显示了案板上摆了酒食进行拜祭的情景。其甲骨文形体为，就是一个酒壶的形状，金文形体为，其形象就是案板上放置了酒壶，跟《说文》的解释相吻合。"奠"在古代并不一定指祭奠死者，凡是拜祭都可以称为"奠"。例如结婚的礼节之一——"奠雁"就不是丧礼的仪式。由于死亡的祭奠比较典型，所以后代一般用它来专指丧事祭奠死者。

大殓完毕开始设酒食祭奠死者，这个时候根据死者的等级，由不同的人主祭，"天子诸侯之丧，斩衰者奠；大夫，齐衰者奠；士，朋友奠"。为什么主人不亲奠呢？据说是"孝子悲哀思慕，不暇执事也"（孝子非常悲伤，号啕大哭，没有时间来主祭）。大殓祭奠之后，在停丧期间，必须每天在日出和日落时举行两次祭奠，设酒食脯肉，祭奠时开始穿丧服的亲属都尽力哀哭。

朝夕哭奠是停丧时间很长而逐渐形成的礼俗。汉代从死亡到埋葬快的要七日，慢的有时经四百三十三日。这是因为汉代人已经深谙阴阳五行的学说，很多人有时日禁忌的信仰，要挑选一个大吉的日子往往需要等很长的时间，所谓"葬避九空地臽，及日之刚柔，月之奇耦，日志无害，刚柔相得，奇偶相应，乃为吉良。不合此历，转为凶恶"。其中"九空"、"地臽"都是葬历上规定的忌日的名称。所谓日之刚柔，天干中的乙、丁、己、辛、癸五天为柔日，其余五天为刚日。按照迷信的说法，人在刚日死，应选在柔日下葬；柔日死，应选在刚日下葬。刚日、柔日要配合好才行，否则不吉。所谓月之奇耦，是指单月、双月。按照迷信的讲究，凡在奇月死亡的人，应在偶月下葬；偶月死亡的人，应选在奇月下葬。奇月、偶月也要配合好才行，否则不吉。如果选不到好的日子，就把灵柩放在家里等到吉日再出殡。

殡 bìn　《说文》："殡，死在棺，将迁葬柩，宾遇之。"尸体已经放在棺材里，要迁移出去埋葬，他要永远离开家里了，所以要像对待宾客一样地对待他，这就叫做"宾"，因为跟丧事有关，字写作"殡"。《左传·僖公三十二年》："晋文公卒，庚辰，将殡于曲沃。"晋文公死后，在庚辰这一天准备迁往祖庙所在的曲沃待葬。

在人死后的第二天，甸人（掌管田野事务的人）就在厅堂前的两个阶梯之间挖一个浅坑。巫师预先把给死者擦身、洗脸的手巾、饭琀时用过的角柶（古代舀取食物的礼器，像勺子，多用角做成）、给死者梳头留下来的乱发和死者的指甲埋到坑里。大殓完毕之后把棺木抬出来，放到这个坑里。因为要放很多天之后才会出殡，这时要在棺木首尾两头设熬，即在棺材两头各放一筐炒熟的谷物，用以引诱蚂蚁之类的昆虫去吃谷物而不靠近棺材，然后拿颜料给棺材画上花纹。

此后的一段时间，由冢人、筮者、卜人通过龟甲占卜来选定墓地和下葬的日子，丧主准备好陪葬的物品。日子确定之后就把灵柩运往墓地埋葬，这个过程叫做出殡。在出殡前还有一个启殡和朝祖的仪式。启殡就是将灵柩移到堂屋正中以准备出殡，启殡礼时，有丧服的亲戚都需参加，妇人不哭，主人袒露左臂。祭奠之后，巫师祷告神灵之后，用小殓时覆尸的夷衾盖住灵柩，在亲属的哭声中将灵柩运到祖庙举行朝祖的仪式。朝祖是灵柩运到祖庙之后所行的仪礼，意思是告别尊祖先辈，好像生前那样要出远门了。朝祖礼毕后就把灵柩运送到预先选好的坟地里埋葬。

（八）陪葬与相关汉字

在原始社会的早期，人死了一般是抬到荒野扔掉，根本不会有什么陪葬品。随着灵魂观念的产生和土葬的兴起，部落成员死后，因为原始社会财产公有，其亲属往往把死者日常使用的生产工具放到墓穴里，希望他到了另外一个世界里能继续使用。当社会步入奴隶制阶段，社会物质日益丰富，陪葬品的种类也越来越丰富。除了酒、肉，与日常生活相关的青铜器、陶器、丝织品、玉石、骨器、兵器、乐器、刀斧等都是陪葬的主要物品。商代妇好墓葬出土的器物种类繁多，计有青铜器 468 件、玉器 755 件、石器 63 件、宝石制品 47 件、陶器 11 件、骨器 564 件、象牙器 45 件、蚌器 15 件以及货贝 6 820 枚。到了殷商后期，商王和贵族有时还用车马陪葬，周朝之后以车马陪葬的现象更普遍。葬于战国早期的曾侯乙墓出土随葬物品共有 15 404 件，可分为青铜礼器、乐器、兵器、车马器、金器、玉器、漆木器和竹器等八大类。其中，车马器主要堆放在墓穴的北室。先秦时代除了用大量的器具陪葬之外，用活人陪葬曾经也流行一时。从考古发掘的墓葬中可以看到大量的人殉遗骨，从现存的汉字也可以看得出这种遗俗。

殉 xùn 　《玉篇》："殉，用人送死也。"字的意思
是把人杀死给死人陪葬。《左传·昭公十三年》："王缢
于芋尹申亥氏。申亥以其二女殉而葬之。"周王在芋尹
申亥氏家里上吊身亡，申亥氏用自己的两个女儿给周王
陪葬。

随着灵魂观念的产生，人们认为人死之后，到了另外一个世
界里还会过着类似于尘世的生活，所以死后要用他生前使用过的
东西陪葬，同时要给他配备死人以供他在地下使唤。在奴隶社
会，奴隶是私有财产，奴隶主在死后可以任意杀死奴隶陪葬。他
们认为在墓室杀死奴隶，这些奴隶的阴魂会像生前一样作为奴隶
供死者使役。近代发掘的商代墓葬大多数都有人殉。例如殷墟侯
家庄的王陵，每座亚形大墓中的殉葬者都在 400 人左右，墓底正
中埋一个，亚字形的八个角各埋一个，南北墓道外二十个，大墓
周围的殉葬小坑，每坑五到十人，一共二十个坑，加上殉葬的仪
仗队，加起来有数百人。殷墟侯家庄商王大墓中有 164 具殉葬者
的骸骨，商王妃妇好墓有 16 人殉葬，曾侯乙墓有 21 具殉葬者的
尸骸，全部为年轻女子。用于人殉多数是年轻女子，也有儿童和
成年男人。中国历史上规模最大的一次人殉是给秦始皇殉葬。秦
始皇死后，秦二世逼迫没有生子的宫女全部殉葬，而且将建造陵
墓的工匠也封闭在墓内，被害者"数以万计"。

早期的人殉是直接将人砍头，然后拿来陪葬，但是人们后来

认为直接杀死不能保留全尸，于是采取吊死的办法。据中国的野史记载，先秦到汉也有采用毒死的办法，直接给殉葬者灌水银，水银有毒，喝下去人会马上死掉。据说水银灌注的尸体可以长久不腐烂，所以这种方法很流行。还有一种方法是把殉葬者捆起来，摆成一定的造型快速活埋。

除了个别是自愿为主人殉葬之外，大多数人殉都是被杀死的。活生生的人为了一个死去的人被无辜杀死，这是非常惨烈的事情。《诗经·国风·黄鸟》反映的就是人殉的事。秦穆公死后用秦国的子车氏三兄弟来殉葬，子车氏是秦国的贤人，百姓为其殉死而深感痛惜。诗歌中对殉葬场面有描写："谁从穆公？子车奄息。维此奄息，百夫之特。临其穴，惴惴其慄。"诗歌的意思是：谁给穆公殉葬啊？是子车奄息（子车是姓氏，奄息是名字）。这个奄息是百里挑一的贤人啊。当他走近穆公的坟墓，死亡的恐惧让他全身发抖。

到了春秋时期，奴隶制逐渐解体，越来越多的人认为人殉的做法很不人道。掌握政权的新兴阶级为了笼络人心，纷纷响应号召，人殉现象逐渐减少，代之以泥木人形的制品殉葬。

商代墓葬殉葬坑里的尸骨

商代妇好墓的人殉

偶 ǒu　《说文》："偶，桐人也。""桐人"就是用木头雕刻的人。段玉裁说："偶者，寓也。寓于木之人也。"他认为"偶"是"寓"的意思，而"寓"是寄托的意思。"偶"是可以寄托任务的木人。《孟子·梁惠王》："仲尼曰：'始作俑者，其无后乎'，为其像人而用之也。"赵岐注："俑，偶人也，用之送死。"郑玄释为"与生人相对偶，有似于人"。意思是"偶"是模仿活人做出来的，跟人很像。

俑 yǒng　《说文》："俑，痛也。""俑"是哀痛的意思，是活人用来寄托哀思的物品。《广韵》："俑，木人送葬，设关而能跳踊，故名之俑。"

　　因为用活人殉葬，手段残忍，遭到越来越多的人反对。到春秋时期，人们逐渐采用木头做的人像来陪葬。至今已发现的春秋战国俑主要为陶、木两种，陶俑大多见于北方，木俑大多见于南方。由于俑是代替活人随葬的，最终目的是让它们在地下侍奉墓主，因而俑的身份包括墓主生前的侍卫、仆从、厨夫、歌女、舞伎等各色人物，甚至还有衣饰华贵、有较高地位的属吏、宠姬、近侍等。在制作上，俑往往穿衣戴帽，衣冠楚楚。它的四肢加榫卯，可以装卸，甚至可以上下活动。为了便于识别，有的还用毛笔在身体上写明其身份。在一些贵族的墓葬中，往往堆放成群的人物或者仪仗俑来彰显其显赫的身份。其中数量最多、气势最雄伟的要数秦始皇陵的兵马俑。

陶俑（汉）　　　　　马王堆汉墓出土的木俑

　　随着造纸术的发展，手工业的进步，到了宋代，陪葬用俑的现象开始逐渐被焚烧纸扎代替。当时的人认为人死是要升天才能

烧给死者的纸扎楼房

享受福禄的，所以把纸糊的东西烧掉，死者在阴间也能接收到。同时由于纸扎的工艺比较灵活，做出来的东西色彩艳丽、形象逼真，因此，焚烧纸扎在民间很快流行开来。纸扎的东西种类很多，纸钱、纸人、纸马、摇钱树、金山银山、牌坊、门楼、宅院、家禽等是最常见的。正是由于这种风俗的改变，宋元之后人们就很少用偶或俑来陪葬了。烧纸扎的习俗一直沿用至今。

四、汉字与起居习俗

吃喝拉撒是一个人最基本的生理需要，在满足基本需要的前提下，随着社会物质文明的进步，人们才会对起居生活提出更高的要求。在贵族阶层的鼓吹或者政府的干预下，全民逐渐形成一种普遍的好尚或习惯的做法，这就是所谓的起居习俗。时代在变化，人们的生活起居方式也随之改变，汉字作为文化的重要载体之一，在很大程度上也反映了这些变化。古代社会要求人们做到"衣服有制，宫室有度，人徒有数，丧祭械用，皆有等宜"（《荀子·王制》）。也就是说，每个社会成员的穿着、饮食起居、言谈举止都按照等级身份，遵守一定的礼仪。生活起居包括衣食住行，本章主要介绍古人吃饭、坐立、见面、洗澡、上厕所等生活习俗。

（一）膳食与相关汉字

孔子曰："食不厌精，脍不厌细。"孟子曰："食、色，性也。"民间也流传着"民以食为天"的说法。吃是人的基本需求，是生活中的一件大事。在原始社会早期，人们过着采摘和渔猎生活，茹毛饮血。受物质条件的制约，他们往往是饥一顿饱一顿，根本谈不上有固定的吃饭时间。随着生产力的发展，食物逐渐出现盈余。火的发明和使用，是人类进入文明社会的标志，也是人类饮食变革的一座重要的里程碑，从此人类吃上了熟食，完全与禽兽相分离。"食"早期的形体是🥡，是一个装着食物的"豆"的形状，"豆"是一种盛装肉食的器具，其形体为🥡，▲则是"豆"的盖子。在古代，"食"既表示食物，也表示吃这个动作。可见在古人的观念中，吃饭要有餐具，要吃熟食，否则就不能称为"食"了。"食"是日常生活中最基本的事情，所以汉语中有一些词的形体要借助"食"的动作来表示，例如："即"的甲骨文形体为🥡，左边是一个"豆"，右边是一个跪着的人，两个符号合起来就是一个人靠近食器准备吃饭的情形，表示"靠近"的意思。再如"既"的甲骨文形体为🥡，左边是一个"豆"的形状，右边是一个脸背"豆"的人，两个符号合起来是一个人吃饱了扭头要走的情形，表示"完成"的意思。从这些字的形体中，我们也可以大致了解古人吃饭时的情形：一个人跪坐着慢慢享用面前放着的食物。

在商周时期，人们进食时每人面前或旁边都放着一组餐具，盛着这一餐要吃的食物和饮料，即最低限度的一些谷类食物和一些水。上层的贵族在食物和饮料之外再加上菜肴，这个叫"膳"。《说文》："具食也。从肉善声。"郑玄注《周礼》说："膳之言善也。""膳"字从"肉",指的是肉菜。古代物质条件比较差,平民很难吃得上肉,饭食中加上肉菜就很不错了,所以就叫做"善",字作"膳"。这种"食"与"膳"相对的风俗,后来就发展为汉族人的"饭"与"菜"相对应的格局,在汉

曾侯乙墓出土的彩绘
龙凤纹盖豆

族人的观念中,"吃饭"跟"吃菜"是两码事。

进入商周社会以后,古人在饭、菜的食用上有了严格的规定,通过饮食礼仪体现等级区别。例如《周礼·天官·食医》记载着天子的饮食:"掌和王之六食、六饮、六膳、百羞、百酱、八珍之齐……凡会膳食之宜,牛宜稌,羊宜黍,豕宜稷,犬宜粱、雁宜麦、鱼宜苽。""凡王之馈,食用六谷,膳用六牲,饮用六清,羞用百有二十品,珍用八物,酱用百有二十瓮。"天子的日常伙食非常奢侈,牛、羊、猪、狗、雁、鱼是每天常备的,饮料有六种之多,菜肴有一百二十种,调味的酱料也有一百二十种。贫民的日常饭食则比较糟糕,"民之所食,大抵豆饭藿羹;一岁不收,民不厌糟糠"。老百姓主要以豆类煮饭,以豆叶煮汤为食,年成不好,连豆饭叶羹都吃不上,而要吃猪糠。此外,不同等级的人,装菜的盘子数量也有差别,《礼记·礼器》曰:"礼

有以多为贵者，天子之豆二十有六，诸公十有六，诸侯十有二，上大夫八，下大夫六。"在民间，平民的年齿尊卑也体现在菜盘子的数量上，《礼记·仪礼·乡饮酒礼》记载："乡饮酒之礼，六十者三豆，七十者四豆，八十者五豆，九十者六豆，所以明养老也。"

1. 膳食习惯与相关汉字

人类从史前的茹毛饮血到文明时代的炊爨烹调，饮食习惯发生了巨大的变化。这种变化不仅体现在食物种类的变化、烹调技巧的改进、炊具与食具的更革上，更重要的是膳食安排的确定。古代存在一日三餐和一日两餐的习惯。《庄子·逍遥游》："适莽苍者，三餐而反，腹犹果然。"意思是到郊外去，吃完三顿饭，回来肚子还是鼓鼓的。这里说的是一日三餐的情况。在民间，大多数人一般一天只吃两餐。

饔 yōng　《说文》："孰食也。从食雝声。"《孟子》注："饔飧，熟食也。朝曰饔，夕曰飧。"饔是指煮熟的东西，早上吃的叫"饔"。饔也叫朝食，例如《诗经·陈风·株林》："乘我乘驹，朝食于株。"《左传·成公二年》："余姑翦灭此而朝食。"

飧 sūn　《说文》："饷也，从夕从食。"字的形体可以直接反映意义，"从夕从食"，"夕"是傍晚的意思，两个字符组合在一起表示傍晚吃的食物。饷，《说文》："申时食也，从食甫声。"申时是指下午三点到五点之间，这段时间在古代叫"晡"，在申时吃的东西也就顺理成章地叫做"饷"了。所以表示晚餐的"饷"与表示时间的"晡"在来源上是有关系的。

因为古代吃饭的时间是大致固定的，所以古人在记录时间的时候就可以之为参照。古人把一天一夜的时间分为十二格，每格起一个名字，分别为：夜半、鸡鸣、平旦、日出、食时、隅中、日中、日昳、晡时、日入、黄昏、人定。其中"食时"是早上的七点到九点，"晡时"是下午的三点到五点。由此可见，古人大致上是一天两餐的，在这两个时间之外吃东西就不算正餐了。

古人往往鸡鸣（凌晨一点到三点）起床，黄昏之后（晚上七点到九点）睡觉，是典型的日出而作、日落而息的生活方式。早上七点吃饭，其实已经劳作了好几个小时了。下午三至五点吃饭，往往不能吃得太饱，因为睡觉睡得早，吃得过多会影响睡眠和消化，对身体不好。所以到了宋代，民间流传着健康饮食的口诀："稍饮卯前酒，莫吃申后饭。"卯时指早晨五至七点之间，申时则指下午五至七点之间。早晨五至七点是刚刚起床的时间，一起床就喝酒对身体不好；申时之后就要睡觉了，再吃饭对身体也不好。

2. 进食方式与相关汉字

先秦早期没有勺子、筷子之类的餐具，人们最早的进食方式主要是用手抓食。《礼记·曲礼》："共饭不泽手。"郑玄注："为汗手不洁也。"孔颖达疏："古之礼，饭不用箸，但用手，既与人共饭，手宜洁净。"《礼记·丧大记》："食于篹者盥。""篹"是用竹子编制的饭筐；"盥"是洗手的意思。古代规定用手从饭筐里抓饭吃必须洗手。吃饭除了洗手，在就餐的过程中还要漱口。

酳 yìn　《广韵》："酒漱口也。"用酒漱口叫"酳"。《礼记·乐记》："执爵而酳。"疏："谓食讫，天子亲执爵而酳口也。"天子吃完饭，亲自拿起爵来倒酒漱口。《仪礼·士昏礼》："合卺而酳。"疏："酳，演也。谓食毕饮酒演安。"举行喝交杯酒的仪式之后就倒酒漱口，表示平安。

漱 shù　《说文》："漱荡口也。"字的本义是用水

涤荡口腔。《礼记·内则》载："以水曰漱。"用水的洗
涤叫"漱"。

　　同样是漱口，但是用的材料是不一样的。按照周朝的礼俗，
吃饭的时候抓饭一次叫做"一饭"，"一饭"分三口吃完，吃饭有
饭数，初食（在吃菜之前）三饭，卒食（饮食即将结束）九饭，
一共十二饭。每三饭用酒漱口一次叫做"酯"，用米浆漱口一次
叫做"漱"。

　　到了商周时期，人们在抓食的同时逐渐采用餐具进食，这些
餐具主要有匕、噩、勺、箸等。

　　匕 bǐ　《说文》：
"从反人。匕，亦所以
用比取饭。"其金文的
形体为 ⺄，是一个饭匙
的形状。《三国志·蜀
志·先主传》："先主方
食，失匕箸。"刘备准备吃饭，听到曹操的话很惊愕，
汤匙和筷子掉下来了都不知道。

曾侯乙墓出土的铜匕

虎饰匕形器（商）

鱼纹青铜匕（商）

柶 sì　《说文》："《礼》有柶。柶，匕也。"《仪礼·士冠礼》注："柶状如匕。以角为之者欲滑也。""柶"的形状跟"匕"一样，只是它是用动物的角做成的，也叫"角柶"，主要用来捞取酒糟或羹食，所以郑玄说："饮醴用柶者，糟也；不用柶者，清也。""醴"就是现在所说的甜酒或醪糟，用柶是为了吃酒糟，不用柶是因为只有清酒。

羊首勺（商）

勺 sháo　《说文》："挹取也。象形，中有实，与包同意。""勺"的小篆形体为𠣁，段玉裁解释说："外象其哆口，有柄之形。中一象有所盛也。"字朝下的部分是勺敞开

的口，上边弯曲的地方是它的柄，中间的一横画表示的
是盛着的东西。勺最基本的功用是用来挹酒和舀汤。

在战国时期，人们曾经一度流行用叉进食。叉又名"毕"。
在使用匕、栖、勺、叉等餐具的同时，进而出现了使用"箸"进
食的习俗。

　　箸 zhù　筷子古代的名称。《说文》："箸，饭攲
也。"段玉裁解释说："攲者倾侧意，箸必倾侧用之，故
曰饭攲。"攲"是倾斜的意思，筷子在吃饭的时候一定
是倾斜着才能使用的。"箸"在古代大多用竹子或木头
制成，所以字从"竹"。"箸"在春秋战国时期也称为
"梜"，《礼记·曲礼》："羹之有菜者用梜。"段玉裁注：
"谓箸为梜。"羹里有菜的就要用"梜"把菜夹起来吃，
这是从"箸"的功能角度进行命名的。两汉时期，"箸"
也叫"筯"，　"箸"的作用是助人吃食，所以称为
"助"，造成新字就在"助"字上加一个表示其质地的符
号"𥫗"。到了明代，"箸"被称为"快子"，明朝人陆
容所著的《菽园杂记》记载："民间俗讳，各处有之，
而吴中为甚。如舟行讳住讳翻，以箸为快儿，幡布为抹
布。"明朝人李豫亨在《推蓬寤语》中说得更明白："世
有讳恶字而呼为美字者，如立箸讳滞，呼为快子。今因

流传已久，至有士大夫间亦呼箸为快子者，忘其始也。"明朝江浙一带的人比较迷信，船家很忌讳说"住"、"翻"等字眼，船"住"就意味着抛锚了，"翻"船则更是身家性命难保。因为"箸"与"住"同音，"幡"与"翻"同音，为了避免说这两个音，就要找别的词来代替。跟"住"相反的是船开得快，所以"箸"就被称为"快子"，希望船能够快行。因为"快子"的说法流行时间比较长，一些知识分子也跟着称呼"箸"为"快子"，慢慢地人们也就不知道"快子"的原来名称了。康熙之后，"快子"写作"筷子"，这一称呼就逐渐在全国确立了它的地位。现在除了中国南方有一些方言还称筷子为"箸"之外，全国大多数的方言都称"筷子"。

"箸"的使用历史非常悠久，相传商纣王时就已经开始使用箸了，《韩非子·喻老》记载："昔者纣为象箸而箕子怖。"纣王的"箸"是用象牙制作的，其奢靡的程度可想而知。一般的平民使用的大概是用竹子或木头制成的两条长条器具。汉代以前，吃饭主要用手抓食，箸只有在夹菜时用，汉代以后吃饭也要用箸，《史记·周亚夫传》："上召亚夫赐食，独置大胾，无切肉，又不置箸。亚夫心中不平，顾谓尚席取箸。"皇帝召见周亚夫，赐给他食物，只有大块的肉食，没有细切的肉，又没有放筷子。他心里很不舒服，就向掌管宴席的官员要筷子。周亚夫只要筷子，没有要别的餐具，可以推知箸在汉朝人的饮食行为中占有非常重要的地位。

筷子是东亚文化圈的一个独特的标志，也是当今世界上一种独特的餐具，其故乡就在中国，这是汉民族先民留给世界人民的宝贵财富。

宴饮图（汉代砖画）

（左边蹲者手托盘中插着一双箸）

3. 待客与相关汉字

除了居家的日常饮食之外，人们往往还会举行宴会款待宾客。举行宴会的习俗来源于先秦的祭祀，祭祀之后往往会聚餐共饮，同时亲朋好友的聚餐和以酒肉款待宾客也是宴会的雏形。

宴 yàn 《说文》："安也。"这里指的是安闲的意思。"宴"在先秦还有"欢乐"的意思，例如《诗经·卫风》："总角之宴，言笑晏晏。""宴"怎么会从"安乐"变为"宴会"的意思呢？《左传·宣公十六年》："王飨有体荐，宴有折俎。"杜预注："飨则半解其体而荐之，宴则体解节折，升之于俎，使皆可食，所以示慈惠也。"在商周时代，天子祭祀或宴飨诸侯时，如果将牲畜的半边放在俎（盛放牛羊等祭品的器具）上，就叫做"飨"，但是这样不方便食用；如果将牲畜肢解开来放在俎上，大家都吃得了，皆大欢喜，所以叫做"宴"。"宴"在先秦的文献中往往借用"燕子"的"燕"来表示，这是文字假借的现象，跟燕子没有关系。

    飨 xiǎng 　《玉篇》："设盛礼以饭宾也。"《说文》："乡人饮酒也。"乡人饮酒在商周时期是比较重要的民间宴饮形式，《玉篇》的解释跟现代的意义比较接近。"飨"的繁体写法为"饗"，小篆形体为鬶，从食乡声，从文字源流的角度来看，"飨"更古的写法为鬶，是两个人面对着食器进食的情形。"饗"在商周时代也可以称为"享"，字作亯，都是指贡献祭品合祭鬼神。一般而言，拜祭完后都会有聚餐共饮，祭品往往被分吃掉。为了区别活人聚餐和合祭鬼神，"饗"、"享"出现了分工，活人聚餐用"饗"而祭鬼神则用"享"。

    除了"宴"、"飨"之外，商周时代还有一种聚食宴会，俗称"食"，一般是冬天或农闲的时候举行。

    在先秦，"宴"、"飨"和"食"是有区别的。清朝人褚寅亮的《仪礼管见》有论及飨、食、燕三礼的差别："待客之礼有三：

宴饮图（汉代砖画）

飨也，食也，燕也。飨重于食，食重于燕。飨主于敬，燕主于欢，而食以明养贤之礼。飨则体荐而不食，爵盈而不饮，设几而不倚，致肃敬也；食以饭为主，虽设酒浆，以漱不以饮，故无献仪；燕以饮为主，有折俎而无饭，行一献之礼，说（脱）屦升坐以尽欢，此三者之别也。飨、食于庙，燕则于寝，其处亦不同矣。"这段话的意思是：先秦待客的宴会有三种：飨、食和燕。飨最正式，其次为食，最后为燕。飨主要是表示尊敬，燕主要是为了欢乐，食则表明招待的是贤者。"飨"有献礼的内容：用整只牛羊放在俎上，不直接食用，酒樽里斟满了美酒，只是啜一口，因为有酒糟，不能喝下去，摆放的矮桌不能倚靠，这些都是仪式的需要，为了表明对贵宾的尊敬；"食"以饭为主，也有酒水，但酒水主要是用于漱口而不是用来饮用的，没有献礼的仪式；"燕"以饮酒为主，有切碎的肉食，但是没有饭食，举行一次的献礼之后，脱掉鞋子坐到席子上就可以尽情饮酒。三者举行的场所也不同，"飨"和"食"一般在宗庙里边举行，"燕"则在自家的住房里。也有人认为"燕"、"飨"、"食"三者的区别在于"燕"以喝酒为主，"食"以吃饭为主，"飨"则兼而有之。

早期宴飨只在贵族阶层流行，到了周朝以后，特别是春秋战国时期，民间的宴会也比较普遍，其中最主要的形式是乡人聚集饮酒。随着宴会的兴起，平常饮食招待客人也讲究礼仪，主要表现在如下方面：

（1）菜肴的摆设有一定的规则。《礼记·曲礼》说："凡进食之礼，左肴右胾，食居人之左，羹居人之右。脍炙处外，醯酱处内，葱渫处末，酒浆处右。以脯脩置者，左朐右末。"用现代的话说，凡是摆设菜肴，带骨的肉食放在左边，切开的纯肉放在右边。干饭一类的食物放在吃饭人的左边，带汁的食物放在右边。细切的肉和烤肉放远些，醋和酱类放在近处，蒸葱等伴料放在旁边，酒浆等饮料和羹汤放在同一方向。如果要摆设肉干，则弯曲的在左，挺直的在右。这套规则在《礼记·少仪》中也有详细记载："客爵居左，其饮居右。介爵，酢爵，僎爵，皆居右。羞濡鱼者进尾。冬右腴，夏右鳍，祭膴。凡齐，执之以右，居之以左。"翻译成现代的话就是，客人的酒杯放在左边，酒浆放在右边。宾客随行人的酒杯、回敬主人的酒杯、观礼者的酒杯都放在右边。上鱼的时候，要把鱼尾正对客人。冬天的鱼，鱼肚朝右边，夏天则鱼脊朝右边。祭祀则用鱼块。上菜时，要用右手握持，而托捧在左手上。

（2）进食的过程也有讲究。《礼记·曲礼》说："客若降等执食兴辞，主人兴辞于客，然后客坐。主人延客祭，祭食，祭所先进。肴之序，遍祭之。三饭，主人延客食胾，然后辩肴。主人未辩，客不虚口。侍食于长者，主人亲馈，则拜而食；主人不亲馈，则不拜而食。共食不饱，共饭不择手，毋搏饭，毋放饭，毋流歠，毋咤食，毋啮骨。毋反鱼肉，毋投与狗骨。毋固获，毋扬饭，饭黍毋以箸，毋嚃羹，毋刺齿。客絮羹，主人辞不能烹。客歉醢，主人辞以窭。濡肉齿决，干肉不齿决。毋嘬炙。卒食，客自前跪，撤饭齐以授相者，主人兴辞于客，然后客坐。"这段话的大意是：如果客人的地位比主人低，他要双手托着食物向主人致谢，主人寒暄完毕之后，客人才能坐下来。进食之前，待馔品摆好之后，主人引导客人进行食祭。食物在几案上祭，酒祭要撒在地上，先吃什么就先用什么行祭，按进食的顺序遍祭。吃三口饭之后，主人招呼客人吃肉；宴饮将近结束，主人不能先吃完而撤下客人，要等客人食完才停止进食。如果主人还没吃饱，客人不能先用酒浆漱口，那是很不礼貌的事情。侍奉年长者吃饭，主人亲手奉进食物，要拜谢之后才能食用，如果不是主人亲手奉进的食物，则可以不拜。同别人一起进食，不能吃得过饱，要注意谦让。如果和别人一起吃饭，就要检查手是否干净。不要用手搓饭团；不要把抓出来的饭再放进饭筐里；不要长饮大嚼；咀嚼时不要让舌头在口中发出响声，那样主人会觉得你是对他的饭食表现不满意；不要专意去啃骨头，这样容易发出不中听的声响，使人有不雅不敬的感觉；不要把咬过的鱼肉又放回盘碗里；不要把骨头扔给狗吃；不要喜欢吃某一味肴馔便独取那一味，或者争着去吃；不要为了能吃得快些，就用食具扬起饭粒以散去热气；吃黍蒸的饭要用手而不能用筷子；饮用肉羹，不可过快，不能发出很大的声音。有菜必须用筷子夹取，不可直接用嘴吸取；客人不能自己动手重新调和羹味，否则会给人留下自我表现的印象，好像自己更精于烹调；不要当众剔牙齿，也不要直接喝调味的酱。如果有客人在调和菜汤，主人就要道歉，说是烹调得不好；如果客人喝到酱类的食品，主人也要道歉，说是备办的食物不够。湿软的肉可以用牙齿咬断，干肉就得用手撕开吃。吃烤肉不要撮作一把来嚼。吃饭完毕，客人自己须跪立在食案前，整理好自己所用的餐具及剩下的食物，交给主人的仆从。待主人说不必客人亲自动手，客人才停下来，再次坐下。

侍食年长位尊的人，年少者还得记住要先吃几口饭，谓之"尝饭"。虽先尝食，却又不得自己先吃饱完事，必得等尊长者吃饱后才能放下碗筷。年少者吃饭时要小口小口地吃，而且要快些咽下去，随时准备回复长者的问话，谨防发生喷饭的事。

国君宴请，如果国君赏赐水果，有核的水果要把果核放在怀里带回家，《礼记·曲礼》说"赐果于君前，其有核者怀其核"，即是其证。

宴请客人时免不了要喝酒。主人为了显示热情，客人为了表示感谢，相互之间会用敬酒和回敬的形式来表达感情。"献"、"酢"、"酬"是周代敬酒的专门用语。

据《仪礼》载，如主人首先向宾客敬酒谓之"献"，宾客作为回报向主人敬酒叫做"酢"，主人先饮酒并以此向宾客劝酒叫做"酬",以上称为"正献"。正献礼节之后,客人按照礼节可以表示要离去,主人则派人举起斝上酒的觯挽留。随即众宾以酒交错相酬,叫做"旅酬"。旅酬之后,"宾主燕饮,爵行无数,醉而止也"(《礼经释例》卷三),叫做"无算爵"。敬酒的酒器也有区别,"献"酒与"酢"酒用爵,"酬"酒用觯,而"旅酬"酒则只能用尊。为区分尊卑、男女,还规定"凡饮酒,君臣不相袭爵,男女不相袭爵"(同前),即君臣、男女的酒器不可混用。

据《礼记·曲礼》的记载,如果侍奉尊长饮酒,尊长把酒递过来,就要起身到尊长身边行过跪拜礼之后才能接受,尊长说免礼,年轻人才能拿着酒回到自己的座位上,尊长酒未喝干,年轻人就不敢喝。尊长赐酒,年少的或者地位低贱的人则不敢推辞。

爵　　　　　　双耳觯(商代)　　青铜四羊方尊(商代)

古代的音乐可以分为"雅乐"、"燕乐"和"俗乐"三部分,雅乐是祭祀、朝会时用的音乐,燕乐是宴饮时用的音乐,俗乐是乡野之乐。先秦的宴会喜欢用音乐和舞蹈助兴，俗称"以乐侑食"。根据史料记载，在夏代的贵族宴会中就流行乐舞，《墨子·非乐上》："启乃淫溢康乐，野于饮食，将将铭苋磬以力，湛浊于酒，渝食于野，万舞翼翼，章闻于大，天用弗式。"大概意思就是：夏启纵乐放荡，在野外大肆吃喝，万人作舞的场面壮观宏大，喧嚣的歌咏之声传到天穹上，可天并不把它当作严肃的音乐来看待。据《周礼·天官·膳夫》记载："以乐侑食，膳夫受祭，品尝食，王乃食。卒食，以乐彻于造。"由此可见，周代君王在进餐时，要奏乐助兴。餐毕，还要在音乐声中将未吃完的食物收进厨房。后代的皇帝进食也大多仿此，只是规格和内容不一样。据《东京梦华录》记载，一次宋朝皇帝举行盛大寿宴，"以乐侑食"的场面十分浩大。当皇亲国戚、文武百官进宫祝寿时，教坊司仿百鸟齐鸣，然后开始入席。入席后，行酒、上菜之间要反复奏乐。第一、二次行酒，均奏乐唱歌；第三次行酒，演京师百戏；第四次行酒，演杂剧；第五次行酒，琵琶独奏；第六次行酒，蹴鞠表演；第七次行酒，四百童女跳采莲舞等。明代皇帝进膳时亦演奏规定的乐章。据史料记载，明洪武元年的《圜丘乐章》中规定，进俎时奏《凝和之曲》，御馔奏《雍和之曲》。到嘉靖年间，续定《天成宴乐章》中，则规定有《迎膳曲》、《进膳曲》、《进汤曲》，而且歌词都是规定好的。如《迎膳曲·水龙吟》的歌词是："春满雕盘献玉桃，葭管动，日轮高，熹微霁色，遥映滚龙袍。千官舞蹈，钧韶迭奏，曲度升平调。"

秦汉时代民间的宴饮也可以用音乐歌舞助兴。例如《古诗十九首·今日良宵会》："今日良宴会，欢乐难具陈。弹筝奋逸响，新声妙入神。令德唱高言，识曲听其真。齐心同所愿，含意俱未申。人生寄一世，奄忽若飙尘。何不策高足，先踞要路津？无为守穷贱，辗轲长苦辛。"该诗描写的是民间宴会的情况：美妙的宴会，欢乐的场面，飘逸的筝声，时髦的乐曲。作者乐极生悲，感叹人生苦短，倡导行乐须及时的思想。从历代的绘画中也可以见到宴客时以乐助兴的场面。例如东汉砖画《宴乐图》可以看到乐器演奏和歌舞表演的场景；《韩熙载夜宴图》描写的是在酒足饭饱之余观看歌伎表演，这在当时可谓人生一大乐事。

宴乐图（汉代砖画）　　　韩熙载夜宴图（局部）

4. 祭祀食神与相关汉字

汉民族的祖先发明用火之后，饮食方面也发生了很大的变化。长期以来直接用火炙烤的食物很容易把营养破坏掉，后来人们发明了可以蒸煮的炊具，这样食物烹饪的可能性才慢慢具备，食物的式样也慢慢丰富。在商周时期，主要的炊具是青铜鼎，一种用青铜制作的三脚或四脚的方形器具，煮东西时直接在下面加热。但是铜鼎太重，搬动不便，且青铜价格昂贵，平民一般用不起鼎。后来可能是由于军队打仗或者野外生活的需要，人们发明了一种无脚的，用几块石头或者土块支起来就可以做饭的炊具，这个炊具叫"镬"。将镬固定在家里，就要用土和砖石垒一个土台，这就是灶台的雏形。这个时候鼎与镬同样重要，所以文献中常常出现"鼎镬"连用来指代烹调。到了春秋战国时代，随着炼铁技术的进步，镬也开始用生铁制作，而且越做越薄，普通老百姓也可以普遍使用，铜鼎则慢慢退出了百姓的厨房。在汉代，还有另外一种与镬功能相似的炊具，叫"釜"，釜的形状跟罐子差不多。"镬"和"釜"是现代"锅"的前身。镬类似于现在炒菜的锅，釜类似于现在煮米饭煮汤的锅。

三足的圆鼎　　　　　四足的方鼎

古代的铁镬 　　　　　　　双兽耳青铜釜

灶最初的样子，从汉字的形体可以了解个大概。

竈 zào　　《说文》："炊竈也。从穴，黿省声。竈，竈或不省。""竈"的小篆形体为圖，上边是一个"穴"，下边是一个"黽"，黽是蛙、鳖一类的动物，两个符号合起来说明灶的形状就像青蛙或者龟鳖的洞穴一样。由此可以推想，早期人们往往在土坎子边上挖洞架锅做饭。"竈"字在民间还可以写作"灶"，是火与土的组合，是一个会意字。《释名》："竈，造也，造创食物也。""竈"有"造"的意思，因为它是用来制造食物的东西。

灶和灶台（汉代陪葬明器）　　红陶方灶（北京丰台汉墓明器）

爨 cuàn 　《说文》："齐谓之炊爨。臼象持甑，冂为竈口，廾推林内火。"段玉裁解释说："𦥑象持甑。中似甑，臼持之。今本𦥑讹臼。冂为竈口，廾推林内火。林，柴也。内同纳。"小篆形体为𤑉，臼𦥑是双手拿着甑（古代的一种炊具）的形状，中间的同是甑，臼是垂下来的双手，冂是灶口的形状，林是木柴，廾是向上的双手，下面是火，整个字其实就是一个生火做饭的画面：一个人拿着甑在做菜，另一个人往灶膛里塞柴草烧火。《说文系传》："取其进火谓之爨，取其气上谓之炊。"同样是煮食，如果着重说烧火的叫做"爨"，如果着重说蒸汽的叫做"炊"。

灶前烧火图（魏晋墓壁画）　　　　灰陶二女俑灶（隋）

在物质比较匮乏的古代，吃饭是一个很重要的问题，制造食物的厨房就显得格外重要，厨房的主体——灶，很自然就成为人们膜拜的对象。经过漫长的时间，人们创造了掌管人间膳食的神——灶神。

灶神到底是谁？历史上有很多说法。正统的说法认为灶神是上古的帝王或者帝王的后裔，例如《事物原会》称："黄帝作灶，死为灶神。"认为灶神是黄帝；《淮南子·氾论篇》说："炎帝作火，而死为灶。"认为炎帝用火来管理天下，死后以灶神的身份享受祭祀；《周礼》说："颛顼氏有子曰黎，为祝融，祀以为灶神。"认为灶神是祝融。民间的说法也有很多，据《庄子·达生》说："灶有髻。"唐代成玄英解释说："灶神，其状如美女，著赤衣，名髻也。"这里说的灶神是一个美女的形象，穿着红色的衣服，名字叫做"髻"。到了魏晋以后，灶神更是有了姓氏，例如隋代杜台卿《玉烛宝典》引《灶书》说："灶神，姓苏，名吉利，妇名搏颊。"这里的灶神已经不是一个人，而是一对夫妇，大概是人们觉得灶神单身一人会寂寞，就给他加上配偶。现在的灶君爷爷、灶君奶奶应该来源于此。唐代段成式《酉阳杂俎·诺皋记上》说得更具体："灶神名隗，状如美女，又姓张名单，字子郭。夫人字卿忌，有六女，皆名察洽。"把灶神的姓名、长相、配偶姓名、子女数量与名字都交代出来了，俨然人间的一个大家庭。

祭灶在古代称为"龗"或"造"。在周朝，祭灶就已成为国家祭典的"七祀"之一了，"七祀"指七种祭祀，即司命、中溜、国门、国行、泰厉、户、灶。到了汉代，祭灶又被列为大夫"五祀"之一，灶神和门神、井神、厕神和中溜神五位神灵共同负责一家人的平安。因为灶与人们日常生活的关系非常密切，在先秦时代，人们开始认为灶神不仅掌管人们的饮食，赐予生活上的便利，他还是上天派遣到人间考察一家善恶之职的官员，一家人平时的一举一动灶神都看在眼里。春秋时期，人们流传着"与其媚于奥，宁媚于灶"（奥指的是房屋的西南角，是一家之主居住的地方。这句话的意思是：与其讨好一家之主，不如去讨好灶神）的俗谚。《论语·八佾》里，孔子曾向他的学生解释人们"媚于灶"的原因，说："不然，获罪于天，无所祷也。"这句话的意思是：这样做是不对的。如果犯了错误，即使向上天祷告也没有用。但是人们一般认为，如果不讨好灶神，他就会向上天告你的恶状。由于人与天帝无法沟通，所以在天帝那里只能任凭灶神乱说，凡人是没办法申辩的。灶神告你什么状，天帝就会给你定下什么惩罚。东晋葛洪在《抱朴子·微旨》说："月晦之夜，灶神亦上天白人罪状。大者夺纪。纪者，三百日也。小者夺算。算者，一百日也。"意思是：每个月最后一天夜里，灶神要上天向天帝陈述人的罪状，假如犯的是大罪，天帝就要让犯罪的人少活三百天，小罪则少活一百天。由此可见，谁要是得罪了灶神，后果非常严重。所以，人们如果要祈福禳灾，就要对灶神恭恭敬敬。

相传农历十二月廿四日是灶神上天向玉皇上帝禀报一家人一年来所作所为的日子。为了讨好灶神，这一天家家户户都要"送灶神"，也就是所谓的谢灶。谢灶的日期是分阶层的，民间有"官辞三"、"民辞四"、"疍家辞五"的说法，"官"指官绅权贵，他们习惯于年廿三谢灶；"民"指一般平民百姓，他们会在年廿四谢灶，"疍家"即指水上生活的船家，他们会在年廿五举行。送灶神的供品一般都用一些又甜又黏的东西，如糖瓜、汤圆、麦芽糖、猪血糕等，目的是用这些又甜又黏的东西去塞灶神的嘴巴，让他上天时多说些好话，所谓"吃甜甜，说好话"、"好话传上天，坏话丢一边"。另外，甜的东西黏住灶神的嘴巴，让他难开口说坏话。也有人用酒糟去涂灶神，这叫"醉司命"，意思是要把灶神弄醉，让他醉眼昏花，头脑不清，这样就可以少向玉帝打几个小报告。在祭灶神时，摆齐供品，焚香祭拜，第一次进酒，向灶君诚心祷告，然后第二次进酒，进第三次酒之后，将旧有的灶君像撕下，连同甲马及财帛一起焚烧，意思是送灶君上天，仪式便算完成。焚烧的马是用篾扎纸糊的，那是灶神上天的坐骑，同时要准备一点黄豆和干草，作为灶神和马长途跋涉所需的干粮和草料。此外还要焚香、叩首，并在灶坑里抓几把稻草灰撒在灶前地面上，向灶神祷告"上天言好事，回宫降平安"之类的话，目的是请灶神只向玉皇大帝禀报这家一年来的种种善事，而不要讲坏话。到正月初四（一说除夕夜）再把灶神接回来，这叫做"接灶"。接灶神的仪式很简单，只要在灶台上重新贴一张新的灶神画像就可以了。宋朝诗人范成大有一首叫《祭灶祀》的诗，把民间祭灶神习俗刻画得非常生动，诗词如下：

> 古传腊月二十四，灶君朝天欲言事。
> 云车风马小留连，家有杯盘丰典祀。
> 猪头烂熟双鱼鲜，豆沙甘松粉饵圆。
> 男儿酌献女儿避，酹酒烧钱灶君喜。
> 婢子斗争君莫闻，猫犬触秽君莫嗔。
> 杓长杓短勿复云，乞取利市归来分。

灶王爷与灶王奶奶年画　　　　　　灶神年画

（二）坐与相关汉字

在日常生活中，坐是最基本、最重要的一种行为。不同的时代，坐的形式和礼仪是不一样的，坐具也不相同。相关的汉字可以为我们了解这些变化提供线索。

1. 坐姿与相关汉字

以魏晋六朝为界，前后两个时期的古人的坐姿是完全不一样的，先秦的坐是双膝并拢着席或着地，双足在后，脚背朝上，臀部坐在脚跟上，跟今天我们说的跪有点像。"人"字的早期写法为，就是一个跪坐着的人；"女"字的甲骨文形体为，其形状是一个双手交于胸前、安闲独坐的妇女形象；"母"字早期的形体为，也是一个跪坐着的胸部硕大的女性形象。从这些字的形体就可以知道古人说的"坐"跟现代的"坐"是不一样的。

古人的坐姿可以分为"坐、跪、跽、踞、箕踞"几种。

坐 zuò 《说文》："止也。"意思是坐下休息。其早期形体为坐，是两个人对坐的形象。段玉裁解释说："止必非一人。故从二人。""坐"一般不是一个人，而是两个人面对面，由此产生"判罪"的意义。段玉裁说："凡坐狱讼。必两造也。"判罪总有原告被告，这就像对坐一样存在双方。先秦到隋唐时期的"坐"与今天的"坐"名称相同，实际不一样。《战国策·范雎说秦王》："伍子胥橐载而出昭关，夜行而昼伏，至于陵水，无以饵其口，坐行蒲服，乞食于吴市，卒兴吴国。"《史记·范雎蔡泽列传》："伍子胥橐载而出昭关，夜行昼伏，至于陵水，无以糊其口，膝行蒲伏，稽首肉袒，鼓腹吹篪，乞食于吴市。"这两个文献记载的是春秋名将伍子胥的故事，内容大致相同，《战国策》用的是"坐行"，《史记》用的是"膝行"。其实说的是一回事，因为古代的"坐"就是膝盖着地的，坐行就是膝盖着地而行。《左传·昭公二十七年》："执羞者坐行而入。"杜预注："坐行，膝行。"用"膝行"解释"坐行"。

跪 guì　《说文》："拜也。"
段玉裁说："按跪与拜二事。不
当一之。疑当云所以拜也。"段
玉裁认为"跪"与"拜"是完全
不同的，他怀疑是传抄错误。宋
代大学问家朱熹认为："两膝着
地伸腰及股而势危者为跪，两膝
着地以尻着跖而稍安者为坐。"
根据朱熹的意见，"跪"是指双

跪坐俑（汉）

膝着地，挺直腰部而臀部不与脚跟接触，"坐"是双膝
着地，臀部与脚跟接触，这种坐法显然轻松一些。"跪"
要挺起腰杆，身体相对于"坐"要高一些，所以"跪"
也叫"危坐"。《释名》："跪，危也。两膝隐地，体危
陧也。"说的就是这个意思，"跪"是双膝接触地面、身
体倾危不安的样子。

跽 jì　《说文》："长跪也。"段玉裁解释说："长跽
乃古语，长俗作跧。人安坐则形弛，敬则小跪耸体若加
长焉，故曰长跽。"这段话的意思是：人在安坐的时候，
身体松弛，就显得短小一些，如果表示尊敬，则要耸立
肢体，那么身体就会显得长一些，所以就叫"长跪"。
《史记·项羽本纪》："项王按剑而跽曰：'客何为者?'"

鸿门宴，樊哙冲进军帐，项羽非常警惕，把身体挺直，手握宝剑问："进来的人是干什么的?""跽"生动地刻画了项羽面临不速之客的本能反应。

  踞 jù 《说文》："蹲也。""蹲"，《说文》："踞也。"这两个字意思相近，可以相互解释，但是"蹲"与"踞"是不一样的，"蹲"是臀部不着地，"踞"是臀部着地。由此可知，"踞"相当于今天的"坐"。《史记·高祖本纪》："沛公方踞床，使两女子洗足。"这里的"踞床"指的是伸开两腿坐在床上，只有这样才能够洗脚。"踞"由于臀部着地，两脚前伸，比"坐"、"跪"和"跽"舒服自如，但是这是比较随意的举动，一般人只有在独处的时候才能这样坐，所以《大戴礼》说："独处而踞。"跪坐容易疲劳，但是有修养的人是不会踞坐的，《韩非子·外储上》记载："叔向御坐，平公请事，公腓痛足痹转筋而不敢坏坐。"晋平公向叔向请教问题，平公腿脚不好，但是他还是坚持正襟危坐而不破坏坐的礼节。

  另外还有一种坐法叫"箕踞"，《汉书·张耳陈余传》："高祖箕踞骂詈，甚慢之。"颜师古注："箕踞者，谓申两脚，其形如箕。""箕踞"是臀部着地，岔开双腿，如同一个畚箕的形状。

"箕踞"也叫"箕坐",例如王充《论衡·率性》:"南越王赵佗本汉贤人也,化南夷之俗,背畔王制,椎髻箕坐,好之若性。"在公众场合,箕踞是非常不雅的事情,《论语·宪问》记载:"原壤夷俟。子曰:'幼而不孙悌,长而无述焉,老而不死是为贼。'以杖叩其胫。"原壤是孔子的好朋友,他箕踞着等待("夷"是平的意思,伸开双腿臀部着地平坐着;"俟"是等候的意思)孔子。孔子见到了,非常生气,责备他说:"你年幼的时候不尊重长辈,成年了也没有可以称道的地方,现在年纪大了还不死,真是个害人精!"一边说一边拿拐杖敲打他的小腿。先秦妇女踞坐是不守妇道的表现,其后果非常严重,《韩诗外传》记载:

孟子妻独居,踞。孟子入户视之,谓其母曰:"妇无礼,请去之。"母曰:"何也?"曰:"踞。"其母曰:"何知之?"孟子曰:"我亲见之。"母曰:"乃汝无礼也,非妇无礼。《礼》不云乎?'将入门,问孰存。将上堂,声必扬。将入户,视必下。'不掩人不备也。今汝往燕私之处,入户不有声,令人踞而视之,是汝之无礼也,非妇无礼也。"于是孟子自责,不敢言妇归。

这段话的意思是:孟子的妻子一个人在房间,就摊开双腿坐着。孟子从门口进来看到了,就对他的母亲说:"我的妻子不懂礼节,我要休掉她。"孟母就问:"是什么原因呢?"孟子说:"她箕坐。"孟母问:"你怎么知道的呢?"孟子说:"我亲眼看到的。"孟母说:"那是你无礼,而不是你老婆无礼。《礼》不是说过的吗?'将要进门,就要问有没有人在,将要登上厅堂,声音就要张扬。将要进入房间，头要低下来。'不要趁着别人不注意而去偷窥啊。你到生活的私密空间去，进房间蹑手蹑脚，别人箕坐你还要偷看，就是你无礼了，哪里是你老婆无礼啊?"孟子反省了自己的行为，也不敢再提休妻的事情了。

说书俑踞坐（汉）

为什么箕坐是没有礼貌的表现呢?这与古人的衣着有关。古人的衣服上衣下裳，裳是用几幅布连缀成的一块大约70～80厘米的布幅，围在腰间一周，长度一般在膝盖以下。当时人们穿的绔（裤），只有两个裤筒而没有裤裆。穿裤的时候把裤筒套在大腿上，上方用绳带系在腰间，如果把大腿岔开很容易导致下体外露。在公众场合暴露私处当然是非常不雅和没有礼貌的事情。到了西汉，社会上流行一种叫"犊鼻裈"的裤子，《史记·司马相如列传》记载："相如身自著犊鼻裈，与保佣杂作。""犊鼻裈"的形状像牛的鼻子，跟今天的合裆短裤差不多。这种合裆的短裤穿起来可以很好地预防下体外露。同时，汉代的衣着发生了一些大的变化，人们开始盛行穿袍子，上衣下裳合为一体，里边再穿上裤子，这时的坐姿要求就不如前代那么严格了。

六朝之时，随着北方少数民族的南下与融合，汉人的坐姿慢慢发生了变化。最早见于文献的，如今天穿鞋垂脚坐的是梁朝的侯景，《南史·侯景传》："殿上常设胡床及筌蹄，著靴垂脚坐。"（"筌蹄"是一种用藤或草编成的高形坐具，形似束腰长鼓）撰写史书的人为什么要描写侯景的坐姿呢？主要有两方面的原因：①古人坐床也要脱掉靴子，侯景穿靴，这是不合常规的；②垂腿坐床，即是"踞坐"，在当时也是不符合礼节的。不知道是坐姿的改变使得新型坐具出现，还是新型坐具的出现导致坐姿的变化，六朝后期席地而坐的风俗受到很大的冲击，代之以垂腿而坐。

2. 坐具与相关汉字

人的坐姿与坐具关系非常密切。先秦是席地而坐，隋唐以后则垂脚而坐，坐具相应地由席子变为椅子、凳子等。

筵 yán 《说文》："竹席也。从竹延声。《周礼》曰：'度堂以筵。'筵一丈。""筵"是用竹子编制的席子，竹片比较粗，是为了隔开泥土，使得地面整洁干净而铺设的。人不能直接坐在筵上，要席地而坐，还要在筵上铺上软细的席子。筵的大小往往有一定的规格，人们在建造房子的时候一般以放多少张筵为标准，所以《周礼》说："度堂以筵。""度"就是丈量、测算的意思。《考工记》："周人明堂，度九尺之筵，东西九筵，南北七筵，堂崇一筵，五室，凡室二筵。"《说文》认为筵的长度为一丈，而根据秦汉人的记录，筵一般长九尺。根据这个标准，周朝人的堂东西宽八丈一尺，南北长六丈三尺，屋高九尺，室的大小以摆下两张筵为准。

席 xí 《说文》："藉也。《礼》：'天子、诸侯席，有黼绣纯饰。'从巾，庶省。"席子一般用蒲草编织，比较软。古人往往在筵上铺席，然后坐在上面。所以《说文》说："席，藉也。"《纲目集览》："身之所依曰藉。"身体可以依傍的就叫"藉"。做席子的材料是草，"席"字的义符为什么是"巾"呢？因为天子、诸侯的席子有丝绣装饰。为什么"席"字的另一个义符是"庶"呢？徐铉解释说："席以待宾客之礼，宾客非一人，故从庶。""庶"是众多的意思，席子是用来接待宾客的，宾客往往不止一人，所以义符就用"庶"。

铺席的作用是隔潮，所以可以铺几重。席子铺多少重，反映了主人地位的尊卑，《礼记·礼器》说："天子之席五重，而诸侯用三重，大夫再重。"（"再重"是两重的意思）贫苦人家可以没有席子铺垫，但对于贵族来说，坐的地方必须要铺席，否则就是违礼。

几 jī 《说文》:"尻几也。象形。""几"是一个象形字,小篆形体为几,就是一个矮桌的形状。"尻"是居处的意思,其小篆形体是几,是一个人靠在几上休息的情形,上面的厂是一个人,下面的几就是几。古人跪坐,全身的重量都压在膝盖上,容易疲劳,所以就在席子上摆放一张矮桌,跪坐的时候凭靠着它来分散身体的重量,减轻腿部的负担。先秦两汉以前,几是放在人的前面,南北朝以后人们不再跪坐,几就放在后面作为倚靠。凭几的后移对唐朝以后带靠背椅子的产生具有一定的影响。与几类似的还有案,先秦时期的几和案是不一样的,几用于摆放书籍和杂物,案是摆放食物的小桌,比几低矮一些。《史记·张耳陈余列传》:"敖自持案上食,礼甚恭。"《后汉书·梁鸿传》:"妻为具食,不敢于鸿前仰视,举案齐眉。"古人吃饭时才将案摆放在席子旁边,其比较轻小,所以妇人都能将它举起。到了汉代,几和案的界限开始模糊不清,东汉许慎《说文》:"案,几属。"已将几和案混为一谈。到了魏晋时期,案也可以放置文书典籍,所以有书案的说法。在现存的文献看到"几案"并提的现象,这说明从魏晋时代开始,几和案已经合而为一了。

侍坐图（三国砖画）
（主人凭几，右前侧为案）

汉代食案（长沙马王堆汉墓）

床 chuáng　古代的床跟现代的床功能不一样，古代的床既是坐的器具，也是卧的器具。床的繁体是"牀"。《说文》："牀，安身之几坐也。从木爿声。"从许慎的解释看，古代的床与几的形制比较接近，只是床更低矮一些。"牀"从木爿声，徐锴认为"爿"其实就是牀，后来为了表示床的质地才加上"木"部的。"爿"的甲骨文形体为𠬝，如果放平则为ΓΓ，就是一种与"几"类似的家具。一般情况下，坐的床跟睡的床在尺寸上是有区别的，汉末服虔《通俗文》："床，三尺五曰榻板，独坐曰枰，八尺曰床。"汉魏时的一尺相当于 24 厘米，八尺则为 192 厘米，与现代的床长度相当。

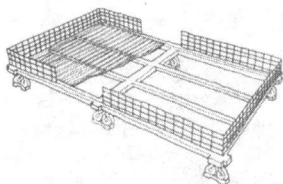

战国大木床（河南信阳出土）

《女史箴图》（晋·顾恺之）中的床

榻 tà　《说文》："牀
也。"《释名》："长狭而卑曰
榻，言其体榻然近地也。"
《玉篇》："床狭而长谓之
榻。"许慎用床来解释榻，
可见榻的功能与床相近。
《释名》和《玉篇》都对床、
榻作了区别，榻比床狭长低
矮。从严格的意义上说，榻
是床的变种，所以它同样兼
具坐卧的功能。《魏志·管
宁传》注引《高士传》："宁常坐一木榻上，积五十余

倚榻观雀图（清）

年，未尝箕股，其榻上当膝处皆穿。"管宁坐了五十多
年的榻，在膝盖经常接触的地方坐穿了，可见这个榻是
坐榻，也可见当时的人虽然用榻，但是还保留了跪坐的
习惯。《三国志·蜀志·简雍传》："优游风议，性简傲

有榻登的木榻

（榻前为榻登，榻上为几）

跌宕，在先主坐席，犹箕踞倾倚，威仪不肃，自纵适；诸葛亮已下则独擅一榻，项枕卧语，无所为屈。"简雍为人从容洒脱，喜欢恣意发表议论，性格高傲善变，与刘备同坐尚且岔开双腿，坐得歪歪扭扭，容貌举止非常不庄重，自己怎么舒服怎么坐；跟诸葛亮以下的人同坐，则自己占着一张榻，躺着说话，全身舒展。这里的榻当是卧榻。《世说新语·方正》："杜预拜镇南将军，朝士悉至，皆在连榻坐。"这里的连榻是坐卧两用的长榻。由于床与榻功能相似，后代往往床榻并举来泛指床，今天"下榻"一词指"住宿"，它取的是榻的卧的功能。为了方便老人上下，往往在榻前放一块榻登，也有榻与屏风组合的情况，俗称屏风榻。

枰 píng 枰是比榻更小的坐具，也叫独坐。《说文》："枰，平也。"《释名·

陈文帝坐枰图（唐·阎立本）

释床帐》："小者曰独坐，主人无二，所以独坐也。枰，平也，以板作，其体平正也。"枰跟榻类似，只是更小，只能一个人独坐，一般用木板做成，因为比较平正，所以叫"枰"。

胡床 又名交床、绳床，现代叫马扎。它本来是北方少数民族的一种轻便的坐具，在东汉的时候传入中原。《后汉书·五行志》："（汉灵帝）好胡服、胡帐、胡床、胡坐。"胡床是什么样子的呢？胡三省说："以木交午为足，足前后皆横木，平其底，使错之地而安；足之上端，其前后亦施横木而平其上，横木列窍，以穿绳条，使之可坐。足交午处变为圆穿，贯之以铁，敛之可挟，放之可坐，以其足交，故曰交床。"可见胡床是一种简便的折叠凳，可开可合，便于携带。魏晋南北朝时期，胡床在上流社会非常流行。《晋书·五行志》："（北方）相尚胡床、貊盘，及为羌煮貊炙，翟之食也。自太始以来，中国尚之。贵人富室，必蓄其器，吉享嘉宾，皆以为先。"北方以坐胡床、用貊盘（貊族盛装肉食的器具）为时尚，流行羌煮和貊炙，这些是北方少数民族的食品。到了太平至泰始年间（公元256—274年），中原地区也开始流行。富贵人家一定会收藏这些器具用以招待客人，大家都认为这是时尚。

胡床携带方便，在军旅中使用非常广泛，后来一般人外出也会随身携带，《世说新语》载："王子猷出都，尚在渚下。旧闻桓子野善吹笛，而不相识。遇桓于岸上过，王在船中，客有识之者，云是桓子野。王便令人与相闻，云：'闻君善吹笛，试为我一奏。'桓时已贵显，素闻王名，即便回下车，踞胡床，为作三调。弄毕，便上车去。客主不交一言。"王子猷坐船进京，船还停泊在码头上，没有上岸。以前听说过桓子野擅长吹笛子，可是并不认识他。刚好遇到桓子野从岸上经过，王子猷在船中，听到有个认识桓子野的客人说，那个人是桓子野。王子猷便派人替自己传个话给桓子野，说："听说您擅长吹笛子，能不能为我演奏一首？"桓子野当时已经做了大官，也一直听到过王子猷的名声，于是立刻掉头下车，上船坐在胡床上，为王子猷吹了三支曲子。吹奏完毕，就上车走了。宾主双方没有交谈一句话。从这里可看出胡床的流行程度。胡床在魏晋南北朝的普遍使用，改变了中原汉人长期以来形成的跪坐和箕踞的坐姿，代之以"交胫肆踞"的胡坐：两脚岔开垂下，穿鞋而坐。胡床的使用更是进一步加快了凳子和椅子的出现。

胡床

校书图（北齐）（画中
长者所坐为胡床）

兀子 也叫"杌子"。《说文》："兀，高而上平
也。"作为坐具的兀子，就是取高且上部平坦的意思命
名。早期的兀子如弯月形，唐代《宫中图》有月样杌
子。"兀"与"月"在古代同音，所以兀子的名称与它
的形状也暗合。

枕形杌子

方形杌子

《宫中图》（唐）中的月样杌子

　　早期的兀是一种非正式的坐具，最迟到宋代，它才逐渐变成正式的坐具。据《宋史·丁谓传》记载："（帝）遂赐坐，左右欲设墩，谓顾曰：'有旨复平章事，乃更以杌进。'"皇帝给丁度赐坐，侍从的人想给他摆个坐墩，皇帝对侍从说："有圣旨要跟平章事（丁度官职）说，还是搬张杌子进来吧。"当时只有宰相才能坐杌子，宰相以下坐杌子就是僭越，可见其已是尊贵的正式坐具了。

　　凳 dèng　　与杌子一样，凳也是没有靠背的家具。《字林》："床属，或作橙。"《正韵》："几属。"最早的凳是床前的踏板，是为了方便人们上下床而设置的，宋代吴曾《能改斋漫录》说："床凳之凳，晋已有此器。"

后来其高度逐渐增加，变成一种非正式的坐具。古人对凳的归属有分歧，有人认为它是坐具（床属），字作"橙"，从木登声；有人认为它是茶几一类的东西（几属），字作"凳"，从几登声。

椅 yǐ 《正字通》："椅，坐具后有倚者。"早期"椅"字作"倚"，其实就是因为这种坐具可以倚靠。椅子大概就是在杌子的基础上加上一个靠背而成，这种坐具在五代后期才出现，南唐尉迟偓《中朝故事》记载："崇文曰：'君非久在卑位也。'指己座下椅子谓之曰：'此椅子犹不足与君坐。'"文中已经出现"椅子"一词。

十八学士图（明·杜堇）

（明代家具已经非常完备，有屏风、榻、桌、椅、凳、坐墩）

宋代还出现了一种叫"交椅"的坐具，这种坐具与宋代的大奸臣秦桧有关，据宋代张瑞义的《贵耳集》载："今之交椅，古

交椅

之胡床也，自来只有栲栳样，宰执侍从皆用之。因秦师垣宰国忌所，偃仰，片时坠巾。京伊吴渊奉承时相，出意撰制荷叶托首四十柄，载赴国忌所，遗匠者顷刻添上。凡宰执侍从皆用之。遂号太师样。"现在的交椅是古代的胡床，一直以来只有栲栳样，上自宰相、下至侍从都可以使用。因为秦桧负责管理先帝忌日祭祀的地方，坐在栲栳样交床上头总是向后仰，以致头上的佩巾和帽子掉在地上。京城尹吴渊为了拍秦桧的马屁，就自己制作了四十多柄荷叶状的托首，背到秦桧办事的地方，让木匠马上装上。这种椅子非常流行，上至宰相、下至侍从都使用，于是把这种椅子命名为太师样。本来这种椅子是为了拍马屁而产生的，但是因为非常实用，所以很快就在上流社会推广开来。但是在等级森严的封建社会里，交椅不是任何人都能坐的，坐交椅是有身份、有地位的象征。正因为交椅有这种标志性的作用，所以"坐第一把交椅"就成了"领军人物"的代名词。

墩 dūn　也叫坐墩。大概在古人垂足坐姿固定以后，人们在野外就着高起的石块或土堆休息时受到启发而发明这一坐具。《广韵》："平地有堆曰墩。"可以推知，墩在早期是用陶瓷做成的，所以字从"土"。其一般做成鼓形或倒扣盆子的形状，中间镂空，或四块或六块或八块，画上彩色花纹，非常美观。墩在宋代已经比较流行，如《续资治通鉴》载："是日，御蕊珠殿召珪，设紫花墩赐坐，劳问久之，召中书授珪兼端明殿学士。"由此可知，宋代皇宫已用这种坐具。后代的坐墩也有用木头制作，形制与陶瓷一样。

六开光鼓形木坐墩

双钱镂空青瓷坐墩

魏晋六朝是汉人坐姿和坐具发生巨变的分水岭，胡床的出现是汉人垂腿而坐的滥觞。床榻的出现改变了汉人席地而坐的传统，直到晚唐，人们还基本上采取跪坐的方式，晚近的日本和韩国也还保留着跪坐的习惯，可以看得出盛唐对他们的影响。胡床、杌子、椅子、坐墩在民间出现了很长的时间，但其在士大夫阶层的推广困难重重。南宋陆游《老学庵笔记》记载："徐敦立言，往时士大夫家妇女坐椅子、兀子，则人皆讥笑其无法度。"
南宋以前，官宦之家的妇女坐椅子和兀子会被别人笑话不懂规
矩。南宋以后，椅子、凳子、坐墩等家具才最终普及，直到
现代。

3. 坐礼与相关汉字

如前所述，在先秦两汉时期，人们席地而坐。但是坐席有一
些伦理的要求，例如孔子强调"席不正不坐"；《礼记·曲礼》：
"男女不杂坐。""父子不同席。""姑、姐、妹、女子，已嫁而
反，兄弟不与同席而坐。"男人和女人不能混坐在一起，父亲与
儿子不能坐同一席，姑姑、姐姐、妹妹已经嫁出去了再回娘家，
她的兄弟也不能跟她坐同一张席子。

割席　汉代坐席有严格的规定，讲究等级尊卑的
不同。一般而言，一张席子可以坐四个人，如果坐的
人比较多，其中的长者或尊者须另设一席单坐。如果
与他人同坐，长者或尊者必须坐在席子的首端，并且
同席的人地位要相当，不得过于悬殊，否则长者和尊
者就会认为是对自己的污辱。由于坐席不当，长者和
尊者认为自己受辱而割席别坐的事情时有发生。例如
《史记》载："任安与田仁俱为卫将军舍人，居门下。卫
将军从此二人过平阳公主家，令二人与骑奴同席而食，

此二人拔刀裂断席,别坐。主家皆怪而恶之,莫敢问也。"这段话的意思大致是:任安和田仁都是卫青的门客,卫青让他们跟随自己去拜访平阳公主,吃饭的时候让他们与骑马随从的奴仆坐在同一张席子上吃饭,他们二人很不满,拔出佩刀把席子砍断,分开来坐。公主家的人都觉得很奇怪,也觉得他们很讨厌,但是又没有谁敢过去问。

　　避席　古代还有"避席"的做法。所谓"避席"就是离席起立,表示敬意或谦逊。《史记·魏其武安侯列传》载:"魏其侯过灌夫,欲与俱。夫谢曰:'夫数以酒失得过丞相,丞相今者又与夫有郤。'魏其曰:'事已解。'强与俱。饮酒酣,武安起为寿,坐皆避席伏。已魏其侯为寿,独故人避席耳,余半膝席。灌夫不悦。起行酒,至武安,武安膝席曰:'不能满觞。'夫怒,因嘻笑曰:'将军贵人也,属之!'"这段话的意思是:前丞相魏其侯窦婴跟现任丞相武安侯田蚡因为利益问题有矛盾,魏其侯的好朋友灌夫被卷进斗争的漩涡之中,因为喝酒的事情得罪了武安侯。后来武安侯娶了燕王的女儿,太后下旨要求皇亲国戚和文武大臣要去道贺。这时魏其侯去邀请灌夫,要和他一起去。灌夫推辞说:"我以前因为喝酒多次得罪丞相了，丞相现在又跟我有矛盾。"魏其侯说："你们的事情已经化解了。"硬要灌夫跟他一起去。在酒席上，当大家喝得酒酣耳热的时候，武安侯起来为大家敬酒，在座的人都离开坐席，趴下来表示敬意。但是当魏其侯起来为大家敬酒时，只有几个老朋友避席，其余的人都只是挪了挪身子，没有站起来。灌夫见到了，很不高兴，就起来例行向大家敬酒，敬到武安侯的时候，武安侯挪了挪身子说："不能喝满杯。"灌夫非常生气，于是嬉皮笑脸地嘲讽武安侯说："您是个贵人，这杯就托付给你了！"灌夫与魏其侯是铁哥们，他看到武安侯和魏其侯起来敬酒，在座的人的反应却大不相同，因此，他认为魏其侯被污辱了，心中不忿，想找事报复。没想到灌夫为此付出了生命的代价。

跣 xiǎn 《说文》："足亲地也。""跣"是脱掉鞋袜，脚直接接触地面。段玉裁说："古者坐必脱屦。燕坐必褫袜。皆谓之跣。""屦"是古代用麻葛制成的一种鞋；"燕坐"就是闲坐；"褫"是脱掉的意思。古人坐席一定要脱掉鞋子，自己闲坐的时候要脱掉袜子，脱掉鞋子和脱掉袜子都叫"跣"。《仪礼·燕礼》："宾反入，及卿大夫皆说屦升，就席。"汉代郑玄注："凡燕坐必说屦，屦贱不在堂也。"贾公彦疏："凡在堂立行礼不说屦，安坐则说屦……以其屦在足贱，不宜在堂，陈于尊者之侧也。""说"通"脱"，这几段文字说的都是关于脱鞋就坐的礼仪，参加宴席时文武百官都要将鞋子脱掉才能登堂，因为鞋子被踩在脚下，肮脏不堪，不能践踏席子。《五杂俎》："古者以跣为敬，故非大功臣，不得剑屦上殿。"古代朝见以光着脚来表示敬意，所以不是功勋卓著的大臣是不允许穿着鞋子、佩带宝剑登上朝堂的。

先秦地面铺设筵席，为了保持整洁，登堂入室一定要把鞋子脱下放到户外。后来发展成为一种礼节，如果坐席不脱鞋袜，就会被认为是大不敬，往往会产生严重的后果。《左传·哀公二十五年》记载："卫侯与诸大夫饮酒焉，褚师声子袜而登席。公怒，辞曰：'臣有疾异于人，若见之，君将殼（huò，呕吐）之，是以不敢。'公愈怒。大夫辞之，不可。褚师出。公戟其手，曰：'必断而足！'闻之。褚师与司冠亥乘，曰：'今日幸而后亡。'"这段话是说卫侯与大臣们在饮酒，褚师声子穿着袜子踏上坐席。卫侯很生气，褚师声子解释说："我的脚有疾病，您要是见到了会呕吐的，所以不敢脱袜子。"卫侯更加生气了。在座的大夫连忙劝阻，拉住卫侯。褚师赶紧离开。卫侯指着褚师的背影说："一定要砍掉你的脚！"让褚师声子听见。褚师跟司寇亥乘车逃跑，说："今天躲过这次劫难之后要逃亡到别国了。"另有《吕氏春秋》记载：齐王生病了，派人去宋国请名医文挚到齐国救治。文挚对太子说要想治好齐王的病，就一定要让齐王发怒，但是齐王一发怒，恐怕我就要死了。太子请求说，如果能够治好父亲的病，我和母亲一定会向父亲请求不杀你的。文挚说为了齐王，我死就死吧。与太子约好之后，"文挚至，不解屦登床，履王衣，问王之疾，王怒而不与言。文挚因出辞以重怒王，王叱而起，疾乃遂已。王大怒不说，将生烹文挚。太子与王后急争之，而不能得，果以鼎生烹文挚。爨之三日三夜，颜色不变。文挚曰：'诚欲杀我，则胡不覆之，以绝阴阳之气？'王使覆之，文挚乃死"。文挚到来之后，没有脱掉鞋子就登上齐王的坐床，踩着齐王的衣服来诊问齐王的病情，齐王很生气，不跟他说话。文挚趁机说了一些不得体的话刺激齐王，齐王火冒三丈，哇哇叫着从床上跳起来，病马上好了。齐王怒气难平，要将文挚活活煮死。太子和王后非常着急地向齐王请求不杀文挚，但是没有成功。最后还是要用鼎来煮死文挚。火烧了三天三夜，文挚的脸色一点都没有变化。后来文挚说："如果确实要杀死我，为什么不盖盖子来隔绝阴阳之间的气流？"齐王让人把鼎盖盖上，于是文挚死了。君臣相见，臣子必须光着脚，褚师声子没有脱掉袜子，被扬言砍掉双脚；文挚没有脱鞋，被齐王活活煮死，可见入室跣足是多么被看重。

这种习俗一直保持到唐代，《酉阳杂俎》载："明皇于便殿召见李白，时白方醉，因召纳履，白遂展足与高力士，曰：'脱靴！'士力失势，遽为脱之。"唐明皇在偏殿召见李白，当时李白刚好喝醉酒，因为被要求脱掉鞋子，李白于是把双脚伸给高力士，说："脱靴！"高力士当时已经失宠了，急忙帮李白把靴子脱掉。先秦入室跣足，进入房间要注意户外的鞋子，如果户外放了鞋子，就不能随便进。室是比较隐私的空间，乱闯会被视为无礼，如《礼记·曲礼》载："户外有二人履，言闻则入，言不闻则不入。"门外有两个人的鞋子，听到叫你进去你才进去，没有叫你进去你就不要进去。

先秦登堂入室脱鞋子也有讲究，《礼记·曲礼》记载："解履不敢当阶，就履跪而举，屏于侧。"脱鞋时不敢正对着台阶。穿鞋时，跪下来把鞋子举起来，放到身侧。因为古人都是跪坐的，脱鞋子、穿鞋子都必须跪着，否则就是箕踞，是非常不礼貌的。

　　向 xiàng　　《说文》："北出牖也。"原指房屋北面的窗户，后来被假借来指代面对的意思。它的本字作"�"，而"嚮"是由"飨"分化出来的，"飨"的早

期形体为⿰，是二人对食的情形，引申为面对，字作
⿰，在"飨"的基础上加了表示读音的"向"。在先
秦坐位的"向"非常重要，是体现尊卑的一种重大
礼仪。

坐向与房屋的结构方位有关，要了解古代的坐向，首先要了
解古代房屋的结构。根据文献的记载，周代的宫室一般面朝南
方，住宅前部是门，门外（有的在门内）有屏，也叫萧墙。贵族
的大门一般是三间，中间敞开，是门，左右两边是暗室，叫
"塾"。儿童读书是在塾中教学的，所以古代家庭延请先生教学的
地方叫私塾。门以内是院子，叫"庭"，古代君王一般在庭中接
受大臣朝见，所以也叫"朝"，后代称"朝廷"。宫室的主体由
堂、室和房构成，均建在高台之上。堂的位置在室之前，东、
西、北三面有墙，南面无墙，面对着庭敞开，东、西两边的墙叫
"序"，有东序、西序。堂偏前方有两根柱子，称东楹、西楹。古
代把对联贴在楹柱上，所以这种对联也叫楹联。堂前有两个台
阶，称为东阶、西阶。东阶供主人行走，西阶则供宾客行走。堂
是平时活动、行礼和会客的地方，来宾站立的位置有严格的规
定，一般而言是尊者在堂卑者在庭。可以登堂的宾客，以坐北面
南为尊，主人一般是在东序向西坐。堂后是室，有户（室门）相
通。室与堂之间有窗，称为"牖"。户偏东，牖偏西。室的北墙

也有窗，叫"向"。室的两边如果还有房间，就叫"房"。室内的四个角（隅）都有专名，据《尔雅·释宫》："西南隅谓之奥，西北隅谓之屋漏，东北隅谓之宧，东南隅谓之窔（yào）。"四隅当中奥为最尊，是室内祭祀的地方，新婚的床席也铺设在这里。在室内举行礼节性的活动，不同的位置有明显的尊卑之分。室内的坐向以坐西向东为最尊，其次为坐北朝南，再次为坐南朝北，坐东面西最卑。《史记·项羽本纪》描写"鸿门宴"的坐向可以印证室内座位的尊卑次序："项王、项伯东向坐，亚父南向坐，亚父者，范增也。沛公北向坐，张良西向侍。"项羽自封为西楚霸王，妄自尊大，自然要坐在最尊贵的席位，项伯是项羽的叔父，项羽不能让自己的叔父坐在低于自己的位置上，只好安排他与自己同坐。范增尽管是谋士，但是被项羽称为"亚父"，地位堪比父亲，所以向南而坐。刘邦北向坐，说明项羽根本不把刘邦放在眼里，张良是刘邦的下属，自然坐在最卑的位置。这种以坐向次序显示尊卑的礼俗在社会的各阶层广泛流行，一直沿用到现在。

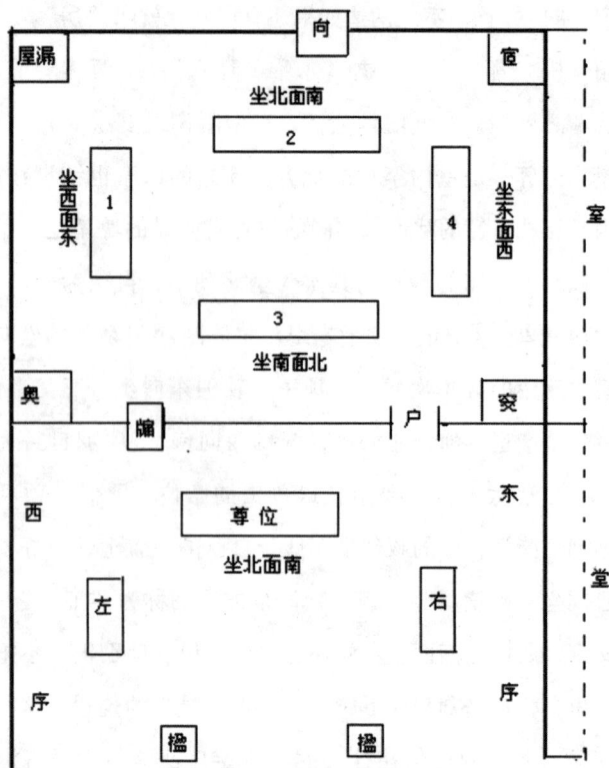

堂室结构及方位尊卑示意图

（室中1、2、3、4为尊卑次序，堂中左右尊卑各代有变化）

先秦房屋结构图

　　了解古代的坐姿、坐具与坐礼，可以为我们阅读古代文献扫清障碍，也可以为我们处理古代坐俗问题而避免以今律古。例如同是以孔子讲学为内容的古代画作，清朝人不了解春秋时期人们席地而坐的习俗，画中出现了桌子，这在先秦是不可能有的东西；孔子垂下两腿坐在椅子上回答学生

孔子讲学图

提问，殊不知孔子的这个坐姿在他所处的时代即是所谓的踞坐，这在公众场合是极度没有礼貌的表现。

孔子圣迹图（清·焦秉贞）

（三）相见礼与相关汉字

闲居家中间或有客来访，需要以礼相待。现代人由于受西方

礼仪的影响，见面时以握手礼为主，如果是私交亲密的还会拥抱。中国古代的见面礼与此不同，其中主要的特点是体现等级尊卑与性别差异。中国的见面礼以唐宋为界，唐宋以前主要行跪拜礼，唐宋以后主要行揖礼。这种礼节的变化与人们的坐姿改变有很大的关系。在席地而坐的时代，相互叩拜是对等的，君王与百官也平等，都采用跪坐姿势见面，只分主次，并不分高下。到了宋代，由于坐具的变化，高腿的椅子、凳子彻底颠覆了原先坐席的习惯，跪坐也被踞坐代替，跟跪坐相协调的"跪礼"出现了不对等的局面：坐者高高在上，跪拜者五体投地。宋朝人认为给人下跪磕头是非常耻辱的事情，在他们看来，只有奴隶和罪犯才要下跪。对于普通人而言，天地君亲师，只用跪到第二位，就是见了君主也只需要作揖即可。中华民国成立之后，政府明令规定废除清朝的跪拜礼与拱手礼，代之以握手、鞠躬，风气又为之一变。先秦的见面礼，唐宋以后人们就不容易了解，唐宋以来的见面礼，现代人一般也不清楚。

汉字的优点在于它能突破时空的限制，可以保留几近湮灭的历史。下面主要从汉字的角度谈中国古代的见面礼。

1. 行礼与相关汉字

拜 bài 《说文》："首至地也。"字亦作"撵"，其金文形体为墢，小篆形体为𢫶。杨雄说："拜，从两手下也。"这是解释字形，𡴆是双手，丅是"下"字，用两个符号整合在一起来说明什么是"拜"。根据先秦两汉的文献记载，行拜礼头不一定要触地，但是手一定要向下运动。许慎的解释："首至地也。"恐怕不准确。

先秦"拜"的形式有很多种，《周礼·春官·大祝》有"九拜"之说："辨九拜，一曰稽首，二曰顿首，三曰空首，四曰振动，五曰吉拜，六曰凶拜，七曰奇拜，八曰褒拜，九曰肃拜。"关于"九拜"的内涵，意见分歧很大，下面根据前人研究作必要的解释。

稽首 汉代郑玄说："头至地也。"唐代贾公彦补充说："稽首，其稽，稽留之字。头至地多时则为稽首也。"顾炎武《日知录》引古籍解释："《周礼》曰：'稽首其仪，右手至地，左手加诸右手，首加诸左手，是为拜手稽首。'《礼》曰：'稽首，据掌致诸地，以稽留其首于手之上，故曰稽首。'"综合这些意见，稽首包含了几个内容：①双手接触地面；②头直接接触手而不直接接触地面；③头要停留一会儿。

顿首 郑玄说："头叩地也。"《诗诂》也有解释：

法门寺地宫跪拜俑（唐）

"顿首，谓下手置首于地即起。"古代人一般是跪坐的，行顿首拜时，顺着跪的姿势，先拱手下至于地，然后引头至地，马上抬头直腰。顿首礼头触地时间很短，只是略作停顿，这是与稽首最大的不同。稽首从容庄重，顿首急剧凝重，所以古人认为稽首表示敬意，顿首则是请罪之辞。由于顿首礼比较重，人们在有重大事情请求时也用"顿首"，例如《左传》记载楚国的申包胥为了救国家危亡，到秦国求救，但是秦哀公推辞而不愿出兵，"（申包胥）立，依于庭墙而哭，日夜不绝声，勺饮不入口七日。秦哀公为之赋《无衣》。九顿首而坐。秦师乃出"。申包胥没有办法了，一直站着，依靠着王宫的墙壁没日没夜地哭，七天没吃过东西。秦哀公被感动了，为他背诵了《诗经》里的《无衣》这首诗来安慰他。申包胥行了九顿首的大礼才坐下来。于是秦国的军队就出发去援助楚国了。

空首　也叫空手。郑玄说："空首，头至手，所谓拜手也。"《周礼》："头不至于地为空手。"段玉裁解释

说："既跪而拱手。而头俯至于手，与心平。是之谓头至手。"空首是指下拜时先拱着手，腰微弯曲，头下降至

清朝人见面时相互跪拜

手的位置，头、手、心同高，所以荀子说："平衡曰拜。"一般而言，先秦所说的"拜"指的是空首，这是与人见面最常用的礼仪，是尊长者对稽首礼的答拜礼，也是平辈之间见面的常见拜礼。

上述几种拜礼，稽首礼是最重的，其次为顿首，空首最轻。贾公彦说："稽首，拜中最重，臣拜君之拜。"先秦诸侯对天子、大夫对诸侯，均行稽首之礼。但《礼记·郊特牲》则指出："大夫之臣不稽首，非尊家臣，以避君也。"也就是说，因为稽首是臣拜君之礼，家臣不行这种礼，不是为了宠爱家臣，而是一国之中不可有二君。古代对稽首之礼非常看重。《左传·哀公十七年》记载："公会齐侯盟于蒙，孟武伯相。齐侯稽首，公拜，齐人怒。武伯曰：'非天子，寡君无所稽首。'"鲁哀公和齐侯在蒙地结盟，齐侯向哀公行了稽首礼，哀公只是空首回拜，齐国人认为自己国君向别国国君行了最重的拜礼，对方只是轻轻回了礼，这是不对等的，是对方侮辱自己国君的表现，所以齐国

人都非常生气。孟武伯反问道："又不是周天子，我们的国君向
谁行稽首礼呢？"

振动 这是丧礼中最隆重的跪拜礼。郑玄解释说：
"振动，动当读为董。振董，以两手相击也。……振动，
战栗变动之拜。"振动不仅要顿首，而且要双手拍击，
哭天抢地，浑身战栗，表示极度悲痛。

吉拜 吉拜是守丧三年期满与丧主见面而行的礼。
郑玄说："拜而后稽颡。""颡"是额头的意思，稽颡是
"触地无容而拜"，以头触地不顾及自己的容止，这是极
度悲伤的表现。吉拜是先空首拜，然后再顿首。吉拜源
自商朝人遭遇丧事的见面礼，因为它与顿首比较相似，
为了表示区别，周朝人把它改称为吉拜。

凶拜 凶拜是居丧期间答拜宾客的礼节。郑玄说：
"凶拜，稽颡而后拜，谓三年服者。"凶拜是先顿首，然
后空首。《礼记·檀弓上》记载："孔子曰：'拜而后稽
颡，颡乎其顺也。稽颡而后拜，顺乎其至也。三年之
丧，吾从其至者。'"孔子的意思是：吉拜（拜而后稽
颡）先空首再顿首，把头低下先答拜宾客，然后再表示
丧亲之痛，这是顺乎情理的（因为已经守丧三年了，其

丧亲之痛已经慢慢平淡，开始要过正常的生活了）。凶拜（稽颡而后拜）先顿首再空首，这是悲痛的极致，但是还不忘答谢宾客。所以他比较赞赏居丧期间采用凶拜的礼节来接待来客。

以上三种是丧事的拜礼。

奇拜 郑玄注："奇读为奇偶之奇，谓一拜也。"奇拜就是拜一次。《毛诗故训传》说："奇拜，谓礼简不再拜也。"礼节简化，只拜一次。

褒拜 郑玄注："褒读为报，再拜是也。"《毛诗故训传》说："褒拜，谓答拜也。"两人的意见略有不同，郑玄的意思是拜两次，其中似乎包含了答拜的意思，"报"就是报答、回报的意思，毛诗则直接说明褒拜为答拜。段玉裁采取折中的说法："褒者，大也，有所多大之辞也。"他认为褒拜是不止一次地拜。

以上两种是就拜的次数而言的。

肃拜 《毛诗故训传》说："肃拜，谓直身肃容而微下手，如今妇人拜也。"段玉裁说："跪而举头下手为

肃拜，下手如拱，并未分散。""妇人以肃拜，拜男子之
空手，以手拜当男子之稽首。"肃拜是妇女行的拜礼，
其姿势是直腰抬头跪着，拱手微微放低或接触地面。答
谢男子的空首拜礼，女子把手稍稍放低，不需触地；答
拜男子的稽首拜礼，则手需触地。郑玄注《礼记·少
仪》说："手拜至地，手至地如男子稽首，然则妇人敬
之至，而手拜，正犹男子必敬之至，乃稽首也，其拜
如舅姑，亦寸肃拜而已。"郑玄这段话的意思是：妇女
拜的时候将手放至于地，就如同男子的稽首，是非常
庄重的拜礼，她去拜见自己的公公婆婆才行这种大
礼的。

肃　与肃拜不同，这是军人行的拜礼。肃的姿势
是站立，拱手往下摆，头稍微低下。《礼记·曲礼上》
记载："介者不拜。""介"是铠甲的意思。武官身披
铠甲，不方便下跪，所以允许不拜。《汉书·周勃
传》："于是天子乃按辔徐行。至营，将军亚夫持兵揖
曰：'介胄之士不拜，请以军礼见。'天子为动，改容
式车，使人称谢：'皇帝敬劳将军。'成礼而去。"皇帝
到军营慰劳周亚夫，见到周亚夫的军队纪律严明，非常
佩服。周亚夫见到天子，没有下跪，手里仍然拿着兵
器，只是作了揖，说自己身披铠甲不方便行拜礼，只

能行军礼。皇帝很感动，改变了脸色，站在车上紧抓车上的横木，派人向周亚夫传话："皇上向将军您表示衷心的问候！"天子完成了礼节的安排才离开。这里周亚夫行的军礼就是肃，类似于作揖，所以书上说"揖"。

关于"九拜"的关系，段玉裁说："凡言拜手稽首，言拜稽首者，先空首而后稽首也。言拜而后稽颡者，先空首而后顿首也。言稽颡而后拜者，先顿首而后空首也。言稽颡而不拜者，徒顿首而不空首也。空首，稽首，顿首三拜为经。振动，吉拜，凶拜，奇拜，褒拜，肃拜为纬。"这段话的意思是：凡是说"拜手稽首"或"拜稽首"的，是先行空首礼再行稽首礼。说"拜而后稽颡"的，是先行空首礼再行顿首礼。说"稽颡而后拜"的，是先行顿首礼再行空首礼。说"稽颡而不拜"的，是只行顿首礼而不行空首礼。空首、稽首、顿首三种拜礼是经，振动、吉拜、凶拜、奇拜、褒拜、肃拜是纬。

关于古人见面行拜的次数，不同的时代有不同的习惯。先秦以拜两次为最尊，"再拜"或者"再拜稽首"就是拜两次，是非常隆重的礼节。例如《史记·项羽本纪》："谨使臣良奉白璧一双，再拜献大王足下；玉斗一双，再拜奉大将军足下。"鸿门宴上，刘邦偷偷溜走了，张良趁机把礼物献给项羽和范增以拖延时间，为了不让项羽起疑心，他表现得非常恭敬，用了"再拜"、

"献"、"奉"等词语。《礼记·檀弓》："晋献公将杀其世子申生，公子重耳谓之曰：'子盍言子之志于公乎？'世子曰：'不可，君安骊姬，是我伤公之心也。'曰：'然则盍行乎？'世子曰：'不可，君谓我欲弑君也，天下岂有无父之国哉？吾何行如之？'使人辞于狐突曰：'申生有罪，不念伯氏之言也，以至于死，申生不敢爱其死。虽然，吾君老矣，子少，国家多难，伯氏不出而图吾君，伯氏苟出而图吾君，申生受赐而死。'再拜稽首，乃卒，是以为恭世子也。"这段话的意思是说晋献公宠幸的骊姬为了让自己的儿子当国君，设计陷害太子申生。晋献公上当了，很生气，要杀申生。申生的弟弟重耳跟申生说："你怎么不去跟父亲解释一下呢？"申生说："算了，现在父亲拥有骊姬才能安乐，我要是把真相告诉他，他会很伤心的。"重耳说："要不离开晋国吧？"申生说："不行，父亲就会认为我真的想杀他而自立，天下哪里有没有父亲的国家啊？我能逃到哪里去呢？"于是申生派人向自己的老师狐突诀别，说："申生我有罪，我没有听取您的忠告，以至于只有死路一条。我不敢贪生怕死。即使这样，但我们国君年纪大了，爱子年纪又小。国家有许多忧患，您又不肯出来为国君出谋划策；如果您肯出来为国君出谋划策，我就得到了您的恩惠，甘愿去死。"申生行过再拜稽首之礼后就自尽身亡了。因此人们给他赠送一个名为"恭世子"的称号。申生在临死之前还不忘给自己的老师献上最隆重的拜礼，所以人们都认为他是个懂礼节、态度谦恭的人。

在先秦时期，也有"三拜"或"四拜"的礼节，但是都不是正常的拜礼。《左传·僖公十五年》记载秦晋两国交兵，秦穆公抓获了晋惠公，要把他带回秦国，晋国的大夫披头散发地跟在秦国班师的队伍后面请求秦穆公释放晋惠公。秦穆公接见他们，这时晋大夫"三拜稽首"。据说"三拜"是亡国的拜礼，晋大夫是以亡国者的身份给秦穆公行礼的。同样地，申包胥为了请求秦国出兵救楚国的危亡，"九顿首而坐"，一连行了三次亡国的大礼。《战国策》记载，苏秦在还没显贵的时候，他的父母不跟他讲话，妻子不给他缝补衣服，嫂子不给他下厨做饭；当他衣锦还乡的时候，父母连忙给他清扫房间，修筑道路，沿途摆设酒食和音乐，

杨柳青年画《六国封相》中苏秦荣归故里的情景

在郊外三十里的地方迎接，妻子对他刮目相看，嫂子更是"蛇行匍伏，四拜自跪而谢"。"四拜"纯粹就是惊慌失措的无意识举动，所以苏秦嘲弄她说："嫂何前倨而后卑也？"到了明代，四拜是最尊的大礼。《水浒传》第二十二回："三个来到酒店里，宋江上首坐了；武松倚了哨棒，下席坐了；宋清横头坐定；便叫酒保打酒来，且买些盘馔果品菜蔬之类，都搬来摆在桌上。三人饮了几杯，看看红日半西，武松便道：'天色将晚；哥哥不弃武二时，就此受武二四拜，拜为义兄。'宋江大喜。武松纳头拜了四拜。"武松要拜宋江为义兄，所以要行叩拜大礼，因此"纳头拜了四拜"。《金瓶梅词话》："这西门庆，头戴缠棕大帽一撒钩绦，粉底皂靴，进门见婆子拜四拜。婆子拄着拐，慌忙还下礼去。西门庆那里肯，一口一声只叫：'姑娘请受礼。'让了半日，婆子受了半礼。"西门庆是有身份的人，给王婆拜了四拜，是非常重的礼节，王婆认为礼重了，所以推让，最后只受了半礼。到了清代，拜礼以三为节，崇尚三跪九叩大礼。司仪命令"跪"，行礼者先屈膝跪下，随着"一叩头"、"再叩头"、"三叩头"的命令，行礼者的手随身体弯曲而接触地面，头低下，额头接触地面三次。听到"起"，行礼者将腰抬起，手放平。司仪再次命令"一叩头"、"再叩头"、"三叩头"，行礼者重复前面的动作，一共三次。

古代妇女的拜礼经常有变化，先秦妇女拜只跪，下手，头不需触地，中古时代的妇女曾经一度只拜不跪，据宋代程大昌《考古编：续考古编》卷六《妇人拜》记载："太祖尝问赵普：'拜礼何以男子跪而妇人不跪？'普访礼官，无有知者。（王贻孙）曰：'唐天后朝，妇人始拜而不跪。'"中国古代男尊女卑，行礼时为什么男子需下跪，女子不需下跪，宋太祖觉得很奇怪，可见北宋时期，妇女行礼是站着的。武则天自立为皇帝之后制定了礼仪，将女子的拜姿改为正身直立，两手手指相扣放在胸前或左侧腰，微俯首，微屈膝。这种拜礼当时称为"女人拜"。唐宋时期妇女在行这种拜礼的时候常常口称"万福"以祝愿对方多福，所以这种女性的拜礼也称为"道万福"或者"万福礼"，这种拜俗从武则天改制开始一直沿用到清代。

叩 kòu 也叫叩头或叩首。《说文》无"叩"字，只有"敂"字。《说文》："敂，击也。从攴，句声。读若扣。""叩"的甲骨文形体为𠮩，左边是一个口，右边是一个跪着的人。这是一个形声兼会意的字，"口"是声符，也表示意义，整个字的结构显示了一个人跪在地上，嘴里说着话。这正是叩首请安的情形。《正字通》说："稽颡曰叩首。"叩首其实就是稽颡，以头触地。《史记·滑稽列传》记载："皆叩头，叩头且破，额血流地，色如死灰。"额头与地面接触，用力过猛，很容易把头撞破。

拱 gǒng　《说文》："敛手也。""拱"即"拱手"，双手抱拳。《尚书大传》说："拱则抱鼓"，意思是拱手的形状是将手肘向外拱成圆形，如同抱着鼓一样。正立拱手是恭敬的动作，所以《礼记·曲礼》说："遭先生于道，趋而进，正立拱手。"《论语·微子》记载："子路从而后，遇丈人，以杖荷蓧。子路问曰：'子见夫子乎？'丈人曰：'四体不勤，五谷不分。孰为夫子？'植其杖而芸。子路拱而立。止子路宿，杀鸡为黍而食之，见其二子焉。"子路与孔子失散，路上遇到一个正在耕作的老者，便向他问路。但老者是一位隐士，与儒家思想有分歧，便借机批评孔子。子路听了批评之后还是非常有礼貌，"拱而立"。老者认可子路的态度，就招待他食宿，还让自己的两个儿子出来拜见子路。

双手抱拳行拱礼时哪只手在上是有讲究的。《礼记·内则》说："凡男拜尚左手，凡女拜尚右手。"男子抱拳左手在外，右手在内，用左手将右手握住；女子则右手在外，左手在内，以示男女有别。如果遇到丧事，则与平时相反。《礼记·檀弓》记载："孔子与门人立，拱而尚右，二三子亦皆尚右。孔子曰：'二三子之嗜学也。我则有姐丧故也。'二三子皆尚左。"孔子的姐姐新丧，所以行拱手礼时右手在外，他的学生们不懂这个规矩，也纷纷模仿孔子把右手放在外面。孔子一看不对，就跟学生们解释，学生们才明白过来。拱手时左右手的内外分别，可以让对方了解你的情况，这是古人的高明之处，不过要仔细观察。

绘陶高髻拱手俑（五代）

叉手 跟"拱"有点相似的是"叉手"。《事林广记》载："凡叉手之法，以左手紧把右手拇指，其左手小指则向右手腕，右手四指皆直，以左手大指向上。如以右手掩其胸，手不可太着胸，须令稍去二三寸许，方为叉手法也。"叉手之礼始于六朝，自唐五代以来盛

杂剧人物图（宋）
男行叉手礼，女行叉手万福礼

行，男女通行，如柳宗元有诗云："入郡腰恒折，逢人手尽叉。"宋明以来女子行"万福礼"也有加上叉手动作的，例如《金瓶梅词话》第一回描写武松与嫂子潘金莲初次见面的情形："那妇人叉手向前，便道：'叔叔万福。'"叉手时躬身直立是恭谨的表现，明朝人沈德符《万历野获编》记载岳飞受审时，"宋岳王初入狱，垂手

于庭，立亦欹斜，为隶人呵之曰：'岳飞叉手正立。'岳
悚然听命。是以知古以叉手为敬。至今画家绘仆从皆
然。则今之垂手者，倨也"。岳飞受审，开始时态度随
意，垂着手，斜着身子，差役喝令他叉手正立，可见叉
手正立是恭敬严谨的态度，而垂手则是散漫不羁的
表现。

揖礼图

揖 yī 《说文》：
"攘也。""攘"是用手
推的意思。作揖时是站
立的，先拱手再向前略
推，所以郑玄说："推
手曰揖。""揖"有三
种，《周礼·秋官·司
仪》说："诏王仪，南
乡见诸侯，土揖庶姓，时揖异姓，天揖同姓。""揖"在
周朝是天子会见诸侯的答拜礼仪，土揖用于答拜没有婚
姻关系的异姓诸侯，时揖用于答拜有婚姻关系的异姓诸
侯，天揖用于同姓诸侯。秦汉以后，天揖用于拜见尊长
或同姓宾客，时揖用于平辈之间的见面礼，土揖则用于
长辈或上司答礼。关于这几个揖的姿势，郑玄说："凡
拱其手使前曰揖。凡推手小下之为土揖，推手小举之为

天揖，推手平之为时揖也。"拱手向下推是土揖，拱手平推是时揖，拱手向上略推为天揖。可以这样说，作揖时手的位置越高表示越尊敬。但是从礼节的角度来看，揖比拜轻。

长揖　秦汉时代产生出一种揖的变体，叫长揖。《史记·郦生陆贾列传》记载："沛公至高阳传舍，使人召郦生。郦生至，入谒，沛公方倨床使两女子洗足，而见郦生。郦生入，则长揖不拜，曰：'足下欲助秦攻

长揖

诸侯乎？且欲率诸侯破秦也？'沛公骂曰：'竖儒！夫天下同苦秦久矣，故诸侯相率而攻秦，何谓助秦攻诸侯乎？'郦生曰：'必聚徒合义兵诛无道秦，不宜倨见长者。'于是沛公辍洗，起摄衣，延郦生上坐，谢之。"沛公来到高阳，在旅舍住下，派人去召郦食其前来拜见。郦生来到旅舍，先递进自己的名片，沛公正坐在床边伸着两腿让两个侍女洗脚，就叫郦生来见。郦生进去，只是作个长揖而没有倾身下拜，并且说："您是想帮助秦国攻打诸侯呢，还是想率领诸侯灭掉秦国？"沛公骂道：

"你个奴才相儒生！天下的人同受秦朝的苦已经很久了，所以诸侯们才陆续起兵反抗暴秦，你怎么说帮助秦国攻打诸侯呢？"郦生说："如果您下决心聚合民众，召集义兵来推翻暴虐无道的秦王朝，那就不应该用这种倨慢不礼的态度来接见长者。"于是沛公立刻停止了洗脚，穿上整齐的衣裳，把郦生请到了上宾的座位，并且向他道歉。刘邦一向讨厌儒生，见郦食其是个儒者，就故意在倨床洗脚的时候接见他，想伺机羞辱他。因为在当时踞箕是非常不礼貌的坐姿。郦食其见到这种情况，根本就不买刘邦的账，也故意"长揖不拜"。经过一番舌战，刘邦知道郦食其是个人才，才把他请到上座，赔礼道歉。长揖比揖更加礼貌，但是比跪拜要轻。按当时的礼节，郦食其应该给刘邦下跪拜礼的，无疑，"长揖不拜"在礼节上已经将了刘邦一军。长揖的姿势，颜师古解释说："长揖者，手自上而极下也。"换句话说，揖与长揖很不一样，揖只是推手向前，长揖则是双手从上往下摆动，腰向下弯曲。

横揖 如果揖的对象不止一个人，双手抱拳转动身体向对方致意称为"横揖"。《三国志》注引《献帝春秋》记载袁绍不满董卓想废立献帝，袁绍与董卓争论一番之后"引佩刀，横揖，径出"。后来人们将这种做法称为"撒网揖"或"罗圈揖"。

揖礼在周代已经流行,汉代之后仍见使用,只是一般不作分别,统称为"作揖"。例如《京本通俗小说·错斩崔宁》:"那后生放下搭膊,向前深深作揖。"这是长揖;再如《初刻拍案惊奇》卷一:"(金老)只得作揖别了。"这里揖得不分明。

厌 yàn 《仪礼》:"推手曰揖。引手曰厌。"贾公彦解释说:"引手曰厌者,以手向身引之。"段玉裁进一步解释说:"推手曰揖,引手曰厌。推者,推之远胸;引者,引之著胸。如乡饮酒,主人揖先入,此用推手也;宾厌众宾,此用引手也。"段玉裁的意思是:"揖"与"厌"的动作基础相同,揖在拱手的基础上将手推离胸部,厌是拱手向内引,将手贴近胸部。像乡饮酒的礼仪,主人向宾客行礼后先进门,用的是揖礼,傧相引导宾客,用的是厌礼。厌是用手的动作示意对方向自己的方向走来的动作,类似于今天礼仪先生或礼仪小姐"请进"的手势。

唱喏 chàng rě 唐宋时代人们流行在作揖或行叉手礼的同时嘴里发出"喏"声来表示敬意,称为"唱喏"。唱喏原来是应答的声音,如唐裴铏《传奇·崔炜》："女酌醴饮使者曰:'崔子俗归番愚，愿为挈往。'使者唱喏。"宋代以后才专门指称见面打招呼，如《水浒传》："鲁智深到庄前，倚了禅杖，与庄客唱个喏。"关于唱喏的习俗，陆游在《老学庵笔记》卷八里考据说："古所谓揖，但举手而已。今所谓喏，乃始于江左诸王。方其时，唯王氏子弟为之。故支道林入东见王子猷兄弟还，人问诸王如何，答曰:'见一群白项乌，但闻呀呀声。'即今诺也。"琅琊王氏家族是东晋时的望族，支道林是北方来的高僧，他来到江南，见到王家子弟见面招呼的形式与众人不同，觉得奇怪，再加上王氏子弟穿着黑色外衣露出白色的领子，就戏谑说见到一群白脖子的乌鸦呀呀叫。由于王氏家族的影响力很大，他们的举止被广泛模仿，于是从六朝起我国开始流行唱喏的习俗。

唐宋人对唱喏已有不成文的习惯，一般人相见唱小喏，见尊长唱肥喏，武将唱大喏。一般人相见，发出较低短的声音谓之小喏；见到尊长，为了表示恭敬，叉手鞠躬腰弯得很深，声音叫得又响又长，这就是所谓的肥喏；假如是武将，为了体现军人的孔武有力，走路的步伐而大要快，唱喏的声音又大又长，这叫做大喏。武将唱喏的声音如果没有力量，就会被非议，例如唐末大诗人李商隐在《义山杂纂》中说："唱小喏，行步迟缓，失武官体。"唱喏声音的大小大概只有笼统的印象而没有明确的标准，宋代人洪迈的《夷坚志》记载了一个有趣的故事："李佑，字晋仁，河东人。……其为人公直刚明，然性最滑稽，上官有庸缪不见称于士论者，必行侮辱。尝为磁州滏阳令，磁守老昏，而好校僚属礼数。佑初上谒，鞠躬，厉声作揖。守惊顾，为之退却。既去，遣客将责之。明日再至，但俯首拱敬，而不启齿，出府帖取问，令分析。佑具状答曰：'佑昨早诣府，自谓蕞尔小官，事上当以礼，故行高揖，旋蒙使君责诮，所以今日不敢出声，不意复蒙谴问，委是高来不可，低来不可，伏乞降到喏样一个，以凭禀守施行。'守览状益怒，而竟无以为罪也。"这个磁州的长官拿李佑没办法，因为唱喏只是一种声音，声音的高低大小没有标准，不能因为声音太大而说李佑没有礼貌。长官责怪李佑，李佑要求他提供一个标准的"喏样"作为参考，长官只能哭笑不得，自认被戏弄了。

唱喏也叫声喏，唐宋时代男女通用，《道山清话》记载："泰伯一日与处士陈烈同赴蔡君谟饭。时正春时，营妓皆在后圃卖酒，相与至延前声喏。"营妓来兜售酒时，先发出喏声打招呼，可见唱喏是不分男女的。到了明代，唱喏嘴里已经不发"喏"声，《金瓶梅词话》第二回描写潘金莲跟西门庆第一次会面的情形："这妇人情知不是，叉手望他深深拜了一拜，说道：'奴家一时被风失手，误中官人，休怪。'那人一面把手整理头巾，一面把腰曲着地还喏道：'不妨，娘子请方便。'"潘金莲叉手作礼，嘴里说着话，但是不发喏声，西门庆"把腰曲着地还喏"，嘴里也没有发出喏声。到了清代，人们见面打招呼已经不再唱喏，应答时用"嗻"，这是满族的习俗，与唱喏没有关系。

2. 礼物与相关汉字

中国是个礼制社会，讲究"礼尚往来"，古人拜访亲友是不能空着手去的，一般要带上礼物，尤其是第一次拜访。这在汉字上也有所反映。

挚 zhì　《说文》："握持也。"意思是手里拿着东西，字亦作"贽"，《玉篇》说："贽，执玉帛也。"意思是手里拿着玉和帛等礼物。郑玄说："挚之言至，所执以自致。""挚"是"至"的意思，是手里拿着东西自己到来。所以古代将见面的礼物统称为"挚"。

先秦时代的见面礼物有六种，称为"六挚"，例如《周礼·春官·大宗伯》记载："以禽作六挚，以等诸臣。孤执皮帛，卿执羔，大夫执雁，士执雉，庶人执鹜，工商执鸡。"

"六挚"是有等级分别的，辅助国君的"三孤"——少师、少傅、少保以皮帛为挚，上大夫以羔羊为挚，下大夫以大雁为挚，士人以野鸡为挚，平民以鸭子为挚，从事手工业或商业的人以家鸡为挚。

每个阶层的挚也有相应的寓意。三孤用皮帛为挚，这种挚是用五匹帛捆为一束，表皮用虎豹皮装饰的丝织品。虎豹的皮比较难得、贵重，这是上流社会馈赠习用的礼物。上大夫用羔羊为挚，因为羔羊合群但不结党营私，寄意上大夫要团结奉公。下大夫用大雁为挚，是因为大雁知道季节变化，飞翔时非常有秩序，寄意下大夫要守法顺从。士人用野鸡为挚，作为挚的是死野鸡。冬天用新死的野鸡，夏天天气炎热，为了防止死的野鸡变质腐臭，夏天用腒，腒是腊干的野鸡。因为野鸡非常刚烈有节操，往往以死来抗拒被捕，活的不容易得到，同时因为野鸡春季交配，秋季雄雌离开后不再同居，非常有规律，以此寄意士人要知时守节。庶人用鸭子为挚，是因为鸭子不会飞，寓意庶人要安土重迁，不要随便离开家乡。工商业者和手工艺人用家鸡为挚，主要是公鸡每天打鸣，代表诚信的美德。鸡也代表五行中的土，土是财富，寄意工商业者和手工艺人要讲求信用，诚实劳动，发财致富。

执挚的姿势也有讲究。士人以雉为挚，去拜见亲友时要双手横捧雉，雉头向左；下大夫以雁为挚，大雁的身体用布条装饰，大雁的双脚用绳索系联，执雁的礼节姿势与执雉相同；上大夫以羔羊为挚，羔羊以布缝制的衣服为装饰，它的前足和后足用绳索拴住，绳子从腹下交结到羔羊的背上，在其胸前打结。

上大夫横捧着羔羊，双手抓住它的前后脚，让羊头朝左。

孔子见老子图（山东嘉祥武氏祠汉代画像石）

先秦时代，见面的礼物男女有别。《左传·庄公二十四年》记载哀姜要嫁给鲁庄公，刚刚到达鲁国，鲁庄公派人去拜见她，用皮、玉作为见面的礼物，御孙认为这是不合礼节的，他劝谏庄公说："男贽，大者玉帛，小者禽鸟，以章物也。女贽，榛栗枣修，以告虔也。今男女同贽，是无别也。男女之别，国之大节也。而由夫人乱之，无乃不可乎！"男人之间见面的礼物，贵重的是玉帛之类（国家外交聘问的礼物），一般的礼物是禽鸟之类（私人见面），这是为了体现礼物的分量与会面的档次。女性见面的礼物，一般是榛子、栗子、枣子和干肉之类，只是为了聊表心意而已。在当时的社会，男尊女卑已经成风，男女的见面礼物没有区别，这是上流社会所不能容忍的。

3. 先秦士人拜访的流程

关于先秦两汉时期人们初次拜访的礼仪，《仪礼》有"士相见礼"一节的详细介绍，其流程如下：

（1）执挚请见，主人固辞。宾客带着礼物来到主人家门口，请求拜见。宾客一般要说："在下很久以前就想来拜见大人，但无人引荐。现在某某大人转达您的意旨，命令在下前来拜见。"主人让家奴传话，推辞说："某某大人命在下前往拜会，但您却屈尊驾临。请您回家，在下将前往拜见。"宾客请求："大人所言，在下实不敢当，还请大人赐见。"主人再次推辞："在下不敢当此威仪，再一次请您回家，在下将前去拜会。"宾客再次请求："在下不敢摆此威仪，最终还是请大人赐见。"

（2）再三辞挚。经过三次请求，主人同意见客，主人说："在下一再推辞，得不到先生的准许，将出去迎见先生。听说先生携带礼物，冒昧辞谢。"宾客说："在下不带礼物，不敢来拜会大人。"主人再次推辞，说："在下不敢当此崇高的礼仪，冒昧再次辞谢。"宾客再次请求："在下不带礼物来不敢求见大人，请大人一定笑纳。"主人说："在下一再辞谢，得不到先生许可，不敢不敬从！"

（3）主客相见。主人到大门外迎接，对着宾客两拜，宾客回礼两拜。主人对宾作揖，从门东侧进去。宾客双手捧着礼物，从门西侧进入。主人拜两拜后接受礼物，宾客拜两拜后送礼物，然后出门。主人邀请宾客，宾客返回，与主人再一次相见，然后告退。主人送宾客到大门外，拜两拜后辞别。

（4）回访还挚。主人带着宾客送来的挚到客人家中回拜，主人说："前不久先生辱临敝舍，得以相见。今请将礼物还给传命的人。"宾客派人出来辞谢，反复三次，双方再拜，接受礼物，然后辞别。

在先秦时代，如果客人来访，馈赠礼物则一定要回访。《论语·阳货》记载："阳货欲见孔子，孔子不见，归孔子豚。孔子时其亡也，而往拜之，遇诸涂。"鲁国权臣阳货想孔子去拜见他，但是孔子不想见到他。阳货就给孔子送了一只烤熟的小猪，按照礼节，孔子要登门回访。孔子趁着阳货不在家的时候去回访，没想到在半路碰了个正着。

（四）洗浴与相关汉字

刷牙洗脸、洗头洗澡几乎是现代人每天必做的功课，城市人群居住的地方几乎都有浴室或盥洗间，水龙头有冷热水供应，很多农村地区的洗浴条件也不差，有些家庭甚至使用太阳能热水器淋浴；各式各样的沐浴露、洗发水和香皂层出不穷。生活在现代的年轻人或许真的没有意识到洗浴和洗浴的习俗在古今存在巨大的差异。古代没有洗发水、香皂、沐浴露，古人用什么东西洗头、洗澡？什么时候才有牙膏、牙刷？古人怎么刷牙、漱口？最早的肥皂是什么样的？古代有没有澡堂？最早的澡堂

是什么样的？本节将结合相关的汉字详细介绍古人洗浴的相关
习俗。

1. 洗浴部位与相关汉字

洗漱沐浴是人类文明的重大标志。在原始社会早期，人们
往往临水而居，一方面是因为水里有丰富的水产可以用于改善
生活，另一方面方便日常生活的用水。在炎热的夏天，出于本
能，古人直接跳到水里浸泡降温，这或许是最原始的洗浴。开
始的时候先民们只是到河里洗一洗，随着社会的发展，洗浴慢
慢成为一种生活习惯。最迟到商周时代人们才开始用沐浴的器
皿在室内洗浴。"鉴"，《说文》："大盆也。"金文作"𥁕"。这
种大盆是用于沐浴和梳洗的，例如《庄子·则阳》载："灵公
有妻三人，同鉴而浴。"在铜镜产生之前，人们用盆装了水就
可以照见自己的容颜，所以"鉴"后来也有镜子的意思。"鉴"
字也可以写作"监"，它与"监"有时可以互相借用，"监"的
金文形体为𥁞，左边的𥃭是一个器皿，右边的𥃐是一个人，为了
强调这个人是凑近器皿观看，所以将他的眼睛凸显出来。这个
字要表示的是一个人对着水盆梳妆的形象。到了西周时期，由
于沐浴已经深入到社会生活的各个方面，人们对沐浴有了更深
层次的理解，沐浴已经不单纯是个人洁身净体的卫生要求，也
是个人态度和心灵净化的体现，由此逐渐形成了一定的沐浴礼
仪和制度。

蟠虺纹铜鉴（春秋）　　　青铜蟠虺纹浴缶（春秋）

　　根据洗浴部位的不同，古人作了比较细致的划分，段玉裁说："凡洒手曰澡，曰盥。洒面曰靧。濯发曰沐。洒身曰浴。洒足曰洗。"洗涤每个部位都用一个专门的词语来指称，这足见前人对洗浴的重视。

　　洗 xǐ　《说文》："洒足也。""洗"专门指洗脚，其甲骨文形体为𤓰，下面的𠂆是一个人，ψ就是"止"，是一只脚的形状，周围的四点表示的是水，把"止"放在"人"上面是为了突出洗涤的部位是脚。《论衡·讥日》："洗去足垢。"意思是洗脚可以去除脚上的污垢。《汉书·黥布传》："王方踞床洗。"注："濯足也。"刘邦刚刚叉开腿坐在床上洗脚，所以注释者说："这是洗脚。"后代才产生洗涤义，例如汉蔡邕《琴操·河间杂歌·箕山操》："于是许由以使者言为不善，乃临河洗耳。"许由道德品质非常高尚，尧帝知道了，派来使者请他出来当官，许由认为使者的话太卑俗，于是来到河边清洗耳朵。这里的"洗"就是洗涤的意思，与今天的"洗"意义相同。

沐 mù 　《说文》："濯发也。""濯发"是洗头的意思。《诗经·小雅·采绿》："终朝采绿，不盈一匊，予发曲局，薄言归沐。"这是描写一个妇女思念丈夫而无心劳作的情形。她整个早上都在采集王刍的叶子，但是心不在焉，一个上午都采不到一捧，她想着丈夫可能快回来了，但是自己的头发蓬乱打结，还是赶紧回家洗头吧。"归沐"就是回家洗头的意思。

在先秦时代，人们没有理发的习惯，一般人将头发蓄起，盘在头上。"长"的甲骨文形体为𝍞，就是一个披着满头长发的人的形象。随着儒家"孝"的思想的加强，"身体发肤受诸父母，不敢损毁"的观念深入人心之后，人们更不敢随便剪断头发。古代有一种刑罚叫"髡"，就是把罪犯的头发剃光，其实是一种侮辱性的惩罚。正是如此，人们都披着满头的长发，这给头发的清洗带来很大的不便。南朝梁人殷芸《殷芸小说》记载了一则洗头的故事："晋明帝为太子，闻元帝沐，上启云：'臣绍言，伏蒙吉日沐头，老寿多宜，谨拜表驾。'答云：'春正月沐头，至今大垢臭，故力沐耳；得启，知汝孝爱，当如今言，父子享禄长生也。'又启云：'伏闻沐久，想劳极，不审尊体何如?'答云：'去垢甚佳，身不极劳也。'"晋元帝的太子司马绍非常孝顺，他听说父皇洗头，就专门去拜见父亲并表示祝福，因为"吉日沐头，老寿多宜"。晋元帝说头正月洗过之后一直没有再洗，以致"大垢臭"，所以要好好洗一洗。晋元帝作为皇帝都要在头"大垢臭"，忍无可忍的时候才洗一下，普通老百姓能经常洗头就非常不容易了。

洗头尽管是很费事的事情，但是它是个人卫生最基本的一部分，也是个人最显著的仪容之一，所以秦汉时代已经对洗发有相关的记载，《礼记·玉藻》对贵族大夫的洗发过程描写得非常有诗意："沐稷而靧粱，栉用樿栉，发晞用象栉。进禨进羞，工乃升歌。""稷"是古代的一种粮食作物，这里指的是用稷米煮的水；"靧"是洗脸的意思；"粱"也是一种粮食作物，这里指用高粱米煮的水；"栉"是梳子；"樿"是一种质地较硬的木材；"晞"是干的意思；"象"是象牙；"禨"是一种专门在沐浴后喝的酒，据说这种酒可以补气；"羞"通"馐"，指的是菜肴。这段话大致的意思是：用稷米熬的汁液来洗头，同时用高粱之类熬的汁液来洗脸，连胡须都一起清洗顺滑。冲洗头发之后用比较坚硬的白纹木制的梳子来慢慢梳理，清除头垢，等到头发晾干后再用象牙制的梳子细细通理，避免伤发。洗沐完毕喝杯小酒，配以豆子之类的下酒小菜，乐工们登上大堂弹奏乐器，纵情欢歌。头光面滑，全身轻松，喝着小酒，听着音乐，确实是人生的一大享受。

浴 yù　《说文》："洒身也。""浴"是指洗涤身
体。《论衡·讥日》："浴去身垢。"洗身可以去除身上
的污垢，"浴"就是洗身的意思。《史记·屈原贾生列
传》："新沐者必弹冠，新浴者必振衣。"刚刚洗过头
的人要戴帽子，一定要弹一弹帽子上的灰尘，刚刚洗
过澡的人，一定要抖一抖衣服上的尘埃。这里"沐"、
"浴"对举，意思是不同的。

在古代，沐浴与人们日常
生活的规范关系密切。《礼记·
内则》载："男女夙兴，沐浴衣
服，具视朔食。"在家过日子，
夫妇要早起，洗浴干净，穿好
衣服，准备早饭。《礼记·内
则》还记载："不敢共湢浴"，

古代沐浴所用的银沐盆
（江苏大云山汉墓）

"湢"相当于现代的浴室，妻子不能和丈夫共用一个浴室，所
谓"外内不共井，不共湢浴"。因为古人认为，与女人一起洗
澡不只"失礼"，带坏社会风气，还会沾上晦气，导致阴阳失
调，不利养生。在家里还有尊老礼节，礼节规定："五日则燂
汤请浴，三日具沐。"晚辈要五天烧一次温水为父母洗一次澡，

每三天烧一次温水为父母洗一次头。在往来礼节中，沐浴也是重要的礼仪。《礼仪·聘礼》载："管人为客，三日具沐，五日具浴。"又载："飧不致，宾不拜，沐浴而食之。"管人接待来宾，要满足客人三天洗一次头、五天洗一次澡的要求，主人用飧礼招待来宾时，来宾不用拜谢，但要沐浴之后再就食，以表示对主人的尊敬。

《礼记·玉藻》对洗澡的程序作了规定："浴用二巾，上絺下绤。出杅，履蒯席。连用汤，履蒲席。衣布晞身，乃屦。进饮，将适公所，宿齐戒，居外寝，沐浴。"洗澡的手巾要用两条，用细葛布擦上身，用粗葛布擦下身。从浴盆出来之后踩在荆席上，因为荆席的表面比较粗糙，不易滑倒，方便洗脚。再用热水淋身，然后就站在蒲席上。穿上专门的布衣，等待身体干燥，身上干了之后就穿上鞋子。这时侍从端来一些饮料，防止浴后口渴。这样的沐浴至少是中产以上的人家才可以做得到的，应该说是为贵族沐浴所定的程序，贫苦百姓是无法享受的。古人还有沐浴必更衣的习俗，《楚辞·渔父》说："新沐者必弹冠，新浴者必更衣。"身体洗刷干净，换上干净的衣物，才能真正达到卫生的要求。

古人很早就流行洗温泉浴，但温泉浴真正盛行是在唐代。唐太宗贞观十八年，朝廷在骊山建起"汤浴宫"；天宝六年，唐玄宗大兴土木，再次扩建，将泉池纳入豪华的宫殿内，改称为"华清宫"，因为宫殿在泉池之上，所以又名"华清池"。华清池分为九龙汤和海棠汤，九龙汤专供皇帝御洗，海棠汤专供杨贵妃沐浴，后来亦称为"贵妃池"，并设有专人管理，《旧唐书·职官志三》云："温泉监掌汤池官禁之事"，温泉监就是专门负责皇家汤池事务的专职官员。

杨贵妃沐浴用的海棠汤
（池形如海棠花）

中国的寺院很早就有浴室，如杨衒之《洛阳伽蓝记》提到宝光寺园中置有非常大的浴室。平民百姓的公共澡堂在宋代才开始出现，澡堂一般在天色微明的时候就开门迎客，这一习俗一直延续到近现代。很多澡堂在门口贴上"金鸡未唱汤先热，红日东升客满堂"的对联，就是这种习俗的反映。据文献记载，宋元公共澡堂非常普及，形成了一定的经营规模，一些文人士大夫还相约定时到公共澡堂去沐浴。王安石不爱洗澡，身上长满虱子，常常臭不可闻，他的亲家吴充对沐浴的重要性有足够的认识，并养成了经常沐浴的良好习惯，他为了改变王安石不好沐浴的不良习惯，便与王安石、韩维三人相约"每一两月即相率洗沐定力院家"。由于三人有约定，王安石不得不去洗浴，出浴后也顺便换上干净的衣服。这让王安石改变了旧习，个人卫生有了很大的改观。宋代大文豪苏东坡很喜欢到公共澡堂洗澡。有一年，他在公共澡堂洗澡后，身心畅快，诗兴大发，专门写了两首《如梦令》词记述他沐浴的感受，写得非常有趣。其一云："水垢何曾相爱，细看两俱无有。寄语揩背人，尽日劳君挥肘。轻手，轻手，居士本来无垢。"其二云："自净方能净彼，我自汗流呀气。寄语澡浴人，且共肉身游戏。但洗，但洗，俯为人间一切。"

从词中可知当时的公共澡堂服务完善，还有专门的服务员为客人揩背，想必服务意识不会比今天的洗浴中心差。

明清时代的公共澡堂

頮 huì 《广韵》："洗面也。"从収水，从页。段玉裁解释说："从两手匊水而洒其面。会意也。""収"是𣬛的现代写法，是双手并拢的形象；"页"是正面的人头，甲骨文形体为𩑣，金文形体为𩒋，是一个人的形象，突出的是人的五官。这几个符号合在一起就是一个人双手合拢、掬水洗脸的情形。这是"洗脸"这一意义早期的写法，后来这个字也写作"沫"、"靧"、"湏"等形式。

古代洗脸要用温热的洗米水，《礼记·内则》说："燂潘请靧"，意思是烧热洗米水请长辈洗脸。古代把热水叫"汤"，洗脸的热水叫"面汤"，大概就是温热的洗米水之类的东西。宋代一些城市的澡堂早上有面汤出售，宋代吴自牧的《梦粱录·天晓诸人出市》记载："又有浴堂门卖面汤者，有浮铺早卖汤药二陈汤，及调气降气并丸剂安养元气者。"澡堂卖的"面汤"就是洗脸水。大概到明代还保留着这种习俗，明代的小说经常有关于"面汤"的记载，例如《水浒传》第二十八回："天明起来，才开得房门，只见夜来那个人，提着桶洗面汤进来，教武松洗了面。"《初刻拍案惊奇》卷三十一："只见天然就拿着面汤进来，叫：'奶奶，面汤在这里。'赛儿脱了上盖衣服，洗了面，梳了头。"从上下文看，它与"洗面"连用，可以知道这个"面汤"不是今天所说的面条汤。

澡 zǎo　《说文》："洒手也。""澡"本来是洗手的意思。《魏书》："日三澡漱，然后饮食。"意思是每日三餐洗手、漱口三次，然后吃饭，不是每天洗澡漱口三次。可见"澡"在六朝时还有"洗手"的意思。

叔上匜① (春秋)

盥 guàn

《说文》："澡手也。从臼水临皿。""盥"是一个会意字，其甲骨文形体为🖐，下面是一个器皿，器皿里边是一只手。金文形体为🖐，⎰⎱是一双手，下面的⬚是器皿，两手之间的是水，这是在盆里洗手的情形。段玉裁在《说文解字注》里说："礼经多言盥。《礼记·内则》：'每日进盥，五日请浴，三日具沐，其间面垢请靧，足垢请洗。'是则古人每旦必洒手。而洒面则不必旦旦为之也。""澡"和"盥"同样表示洗手的意思，但是"洗手"这个意义在《仪礼》中用"盥"字用得比较多，《礼记·内则》说："每天为长辈奉上洗手的水，五天烧一次水请长辈洗澡，三天烧一次水请长辈洗头，期间如果长辈的脸脏了就帮他们洗脸，脚脏了就帮他们洗脚。"段玉裁认为古人每天早上都要洗手，而脸就

---

① 匜是古代用来浇水的注水器，形状有点像现在的瓢，前面流，后有鋬。为了防止置放时倾倒，匜的底部常常铸有三足、四足，主要用于洗头、洗手，盛行于周秦时代。

不是每天都要洗的。

"洗"、"沐"、"浴"、"頮"、"澡"、"盥"尽管洗的部位不同，但实质都是清洗身体，保持身体洁净，所以东汉王充在《论衡·讥日》中说："且沐者，去首垢也；洗，去足垢；盥，去手垢；浴，去身垢。皆去一形之垢，其实等也。"正是由于这样，到后来，人们觉得没有必要对洗浴部位进行严格的区分，这导致了其中的词语意义混淆，也导致了这一系列词语的成员被大量淘汰，除非书面语和个别的固定词语组合，现在的口语里大概只有"洗"字一个了。近二十年来，服务行业逐渐发达，很多洗脚店起名为"沐足城"，就是刻意追求古雅而不知字义的结果，当然这也是语言与社会互动的结果。

口腔、牙齿的清洁也是个人卫生的重要方面，汉民族在很早的时候就已经有了漱口的习惯，文字上也有反映。

漱 shù　《说文》："荡口也。"本义是以水清洗口腔。这个字已在"膳食"篇里介绍过，这里不重复。

先秦时期，人们已经非常注意口腔的清洁，《礼记·内则》记载："凡内外，鸡初鸣，咸盥漱。"古人起床很早，在鸡第一次鸣叫的时候就起来洗手漱口。在就餐的过程中，古人很注意漱口以保持口腔清洁，用酒漱口一次叫"酳"，用米浆漱口一次叫

"漱"，一顿饭至少要用酒或米浆漱口四次。

牙刷在秦汉时代就已经产生了，但是似乎没有流行开来，文献也没有相关记载，只有出土的实物。早期的牙刷用铜制作，形状类似于现在的烟斗，其中的一头有孔，大概以马或猪的鬃毛植入其中制成。整个古代比较流行的是"揩牙"法，就是用手指或布来清理牙齿，擦去牙垢。唐代法门寺地宫出土的衣物账中，记有皇室进献的"揩齿巾"，可见直到晚唐，即使在上层社会中也还没有使用牙刷，而是利用"揩齿巾"清洁牙齿。到了隋唐五代，民间很流行用树枝揩牙，唐代的医书《外台秘要》载："每朝杨柳枝咬头软，点取药揩齿，香而光洁。"每天早上将杨柳枝的一头咀嚼开，蘸上漱口的药物来刷牙，可以使牙齿洁白而有香味。杨、柳、槐、桃等是比较常见的植物，对于普通老百姓来说是最便利不过的。到了宋代，出现类似现代的牙刷，宋代周守中《养生类纂》载："盖刷牙子皆是马尾为之。"南宋时出现了卖牙刷的商贩，吴自牧《梦梁录》"诸色杂货"一节，在"挑担卖"之后所列的小商品名目中，有"刷牙子"一项，临安城中的货郎沿街叫卖日用杂货，牙刷是其货担上的常供货品之一。同书卷十三"铺席"有"凌家刷牙铺"、"傅官人刷牙铺"，说明当时已经有生产、经营牙刷的专门铺子。现在见到的这一时期的实物是辽代墓葬出土的牙刷，它的柄用动物的骨头制作，上面有多排小空，植入猪鬃毛而成。或者也有竹木作柄的，由于年代久远，早已腐蚀殆尽。

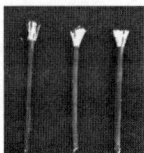

秦汉时代的牙刷　　模仿古人用树枝做的牙刷　辽墓出土的骨柄牙刷

在牙膏产生之前，人们主要用清水和食盐来漱口，食盐有消炎作用，可以有效清洁口腔。唐代孙思邈《备急千金要方》"齿病"一节提到："每旦以一捻盐内口中，以暖水含，揩齿及叩齿百遍，为之不绝，不过五日口齿即牢密。"每天早上把一小撮盐放到

揩牙图（敦煌莫高窟）

口中，用温水含一会儿，然后擦牙，擦完牙后，牙齿上下叩击一百下，不用五天就会坚固紧密。为了清洁口腔、保护牙齿，隋唐时代已经出现了很多"揩齿药"，大多是粉末状，其功用相当于现在的药物牙膏。北宋《太平圣惠方》卷三十四有"揩齿令白净诸方"，介绍"揩齿"的药方，共有9种，例如其中的"朱砂散方"："朱砂（细研）、丁香皮、藿香（锉）、茴香（锉）、香附子、甘松、白芷、川升麻、黄丹（以上各一两）、白檀香（半两锉）、猪牙皂荚（二两）、石膏（四两）、寒水石（半两）、零陵香（半两）上件药，捣罗为散，都研令匀，每日常用揩齿，甚

佳。"宋末元初的医书《圣济总录》有"口齿门"系列，其中亦有"揩齿"一节，专门介绍"揩齿"的药方，一共有 27 种。在西方牙膏传入之前，掺配各种中药的青盐是中国人最常用的揩齿药，《红楼梦》第二十一回有早晨洗漱的具体描写："宝玉复又进来，坐在镜台旁边，只见紫鹃，雪雁进来伏侍梳洗。湘云洗了面，翠缕便拿残水要泼，宝玉道：'站着，我趁势洗了就完了，省得又过去费事。'说着便走过来，弯腰洗了两把。紫鹃递过香皂去，宝玉道：'这盆里的就不少，不用搓了。'再洗了两把，便要手巾。翠缕道：'还是这个毛病儿，多早晚才改。'宝玉也不理，忙忙的要过青盐擦了牙，漱了口。"贾宝玉擦牙用的就是青盐。

2. 洗浴用品与相关汉字

中国古代虽然没有现代的洗浴用品，但是并不意味着古人洗浴时没有洗涤的材料。在长期的生活实践中，古人慢慢发现有些天然的材料具有洁净去污的功能，可以用于洗浴。汉字也记录了汉民族洗浴用品大致的演化过程。

潘 pān　《说文》："淅米汁也。"淘米水在古代叫"潘"。《礼记·内则》载："面垢，𤉧潘请靧；足垢，𤉧汤请洗。"这段话的意思是：脸脏了，烧好洗米水请长辈洗脸；脚脏了，烧好温水请长辈洗脚。《周礼·天官》:"宫人共王之沐浴。"贾公彦解释说:"沐用潘,浴用汤。"洗头用洗米水,洗澡用温水。

洗米水具有洁净皮肤的功能。现代科学分析表明,古人用洗米水洗头、洗脸是有道理的,因为淘米水中溶解了大量的淀粉、蛋白质、维生素、氨基酸等养分,可以分解皮肤分泌出来的油污,可以淡化色素和防止出现脂肪粒等,长期坚持用淘米水洗脸、洗手,会使皮肤变得光滑、有弹性。头发吸收洗米水中的维生素和氨基酸,可以促进其生长,让头发更黑亮。

魏晋时期产生了一种具有洗涤和护肤功效的洗涤用品,这种东西是粉末状的,主要成分是豆粉,所以叫"澡豆"。澡豆在当时是一种高级的洗涤用品,只有王公贵族才有机会使用,一般老

女史箴图(晋·顾恺之)

百姓见都没见过。南朝宋刘义庆《世说新语·纰漏》记载:"王敦初尚主,如厕……既还,婢擎金澡盘盛水,琉璃碗盛澡豆,因倒著水中而饮之,谓是'干饭'。群婢莫不掩口而笑之。"王敦出身士族,其堂弟王导为东晋宰相,他娶了晋武帝司马炎的女儿襄城公主为妻。结婚之初上厕所出来,婢女捧着装着水的金盘子和装着澡豆的玻璃碗等候他出来洗手。王敦没见过澡豆,不知道它

是用来洗手的，以为是吃的东西，就把它倒在水里当"干饭"吃了，闹出个大笑话。到了唐代，澡豆的使用已经非常广泛，成为居家必备的洗涤用品，唐代孙思邈《千金翼方》"妇人面药"记载："面脂手膏，衣香澡豆，仕人贵胜，皆是所要。"澡豆不仅能清洁油污，还可以滋润肌肤。按照唐朝风俗，腊八节这一天朝廷往往赐给大臣面脂、澡豆之类的护肤和洗涤用品，杜甫的《腊日》诗就记载了这件事情："腊日常年暖尚遥，今年腊日冻全消。侵陵雪色还萱草，漏泄春光有柳条。纵酒欲谋良夜醉，还家初散紫宸朝。口脂面药随恩泽，翠管银罂下九霄。"杜工部得到皇帝的赏赐，内心感到温暖，感恩戴德之情溢于言表。

澡豆虽然是居家常用的洗涤用品，但是也存在不同的品质和档次。为了增加其香味和美容护肤的效果，一些澡豆的配方非常讲究，例如唐代的《千金方》记载了其中的一款澡豆是以白豆屑作为主要原料，加入青木香、甘松香、白檀香、麝香、丁香五种香料来加强它的香味，同时还配有白僵蚕、白术等多种被认为可以让皮肤白皙细腻的中草药，此外还有滋养润泽皮肤的鸡蛋清、猪胰。这种澡豆的护肤效果非常显著，"十日内面白如雪，二十日如凝脂"。有些澡豆的配方非常名贵，显得极其奢侈，例如《千金翼方》记载了另一款澡豆的配方："丁香、沉香、青木香、桃花、钟乳粉、真珠、玉屑、蜀水花、木瓜花各三两，奈花、梨花、红莲花、李花、樱桃花、白蜀葵花、旋覆花各四两，麝香一铢。上一十七味，捣诸花，别捣诸香，真珠、玉屑别研作粉，合和大豆末七合，研之千遍，密贮勿泄。常用洗手面作妆。"这一款澡豆采用名贵的香料、鲜花、珍珠、玉屑作为原料，想必价格不菲，这不是普通老百姓能消费得起的，当然美容的效果超乎人们的想象："一百日其面如玉，光净润泽。"

    皂 zào   "皂"字出现较晚，早期写作"皁"，指的是橡树一类植物的种子"皂斗"。《韵会》："今世谓柞实为皁斗。柞即橡也，其房可以染黑，俗因谓黑色为皁。"这段话的意思是：现代叫橡树的果实叫"皁斗"，它的果实可以做黑色的染料，所以民间叫黑色为"皁"。"皂"被用来指"皂荚"这一意义大概在北宋时期。李时珍《本草纲目》"皂树高大，叶如槐叶"中就有"皂"字。

    其实，在秦汉时期，人们就已经开始用皂荚洗涤衣物，因为皂角中含有皂甙，它的水溶液能生成泡沫，有去污性能。皂荚的品种很多，每个品种的去污能力存在优劣，"猪牙皂荚"品质最劣，去污力最差，也不滋润，"肥珠子"品质最高，去污力强且有香味。宋代庄绰的《鸡肋篇·皂荚》记载："浙中少皂荚，澡面、浣衣皆用肥珠子。木亦高大，叶如槐而细，生角长者不过三

货郎图（明·吕文英）

香皂丸是架子上的货物之一

数寸，子圆黑肥大，肉亦厚，膏润于皂荚，故一名肥皂，人皆蒸熟暴干乃收。"今天的"肥皂"大概得名于此。后来，人们更进一步把去除了种子的皂荚捣烂，做成球状，如橘子般大小，供洗面、洗身之用，俗称"肥皂团"。宋代人周密《武林旧事》卷六《小经纪》记载了南宋京都临安已经有了专门经营"肥皂团"的生意人，明代吕文英的《货郎图》，画上货郎的货架上有"香皂丸"挂售。到明清之际，香皂逐渐取代了澡豆。李时珍《本草纲目》中详细地给出了"肥皂"的制法："肥皂荚生高山中，其树高大，叶如檀及皂荚叶。五六月开白花，结荚长三四寸，状如云宝之荚而肥厚多肉……十月采荚，煮熟捣烂，和白面及诸香作丸，澡身、面，去垢而腻润，胜于皂荚也。"可以看出与粉末状的澡豆不同，明清之际的香皂为丸状。和澡豆一样，香皂也含有很多香料及药材，不仅香气怡人且有美容效果。李渔在《闲情偶记》中特别谈道："皂之佳者，一浴之后，香气经日不散。"可见好肥皂的香气非常持久，可以跟香水媲美。《金瓶梅》第二十七回中写道："西门庆道：'我等着丫头取那茉莉花肥皂来我洗脸。'金莲道：'我不好说的，巴巴寻那肥皂洗脸，怪不的你的脸洗的比人家屁股还白！'"可见香皂有美白肌肤的作用。

3. 沐浴与假期

先秦时期的官员没有固定假期，有事请假叫"告"，到了汉代才开始形成固定的休假制度，这种法定的休假称为"休沐"。《汉官仪》记载："五日一假洗沐，亦曰休沐。"《仪礼·聘礼》有"三日具沐，五日具浴"的记载，汉朝政府正是根据这一习俗以政府法律的形式给官员放假，用意是上班五天给官员放假一天回家洗个澡，换个衣服。这是我国历史上第一次以沐浴为理由而制定的假日。当然，官员可以利用这一天外出活动或找三五知己吃饭喝酒。

汉代官员五天一休假的做法一直沿用到唐代。唐高宗永徽三年，由于国事频繁，中央政府将"五日休沐"改为"十日休沐"，也就是工作九天休息一天。中古文献的"旬休"就是指十天一次

八达游春图（五代·赵喦）

的休假，一个月有上、中、下三旬，一个月休息三天。唐代"旬休"俗称"浣"，也是洗沐的意思，从此假日又有了"浣"的称谓。《问奇类林》记载："俗以上浣、中浣、下浣，为上旬、中旬及下旬，盖本唐制，十日一休沐。"后来民间记录日期也用"上浣"、"中浣"和"下浣"来指代上旬、中旬和下旬。

4. 沐浴的礼俗

古代重大的节日或祭祀，主祭者必须要沐浴斋戒，意思是要保持洁净，向神明展示自己的虔诚。沐浴有清洁身体、净白肌肤、强身健体的作用。除此之外，古人还认为沐浴具有孕育生机、祛除邪气、净化灵魂的作用。中国古代形成的一系列的洗浴习俗都与这些观念有关。

浴婴图（宋·周文矩）

浴婴 古人在婴儿刚刚诞生之际给他洗澡，在洗澡的时候举行一定的仪式，祈求婴儿健康成长。这就是所谓的浴婴。这种习俗最早见于唐代敦煌石窟遗书《诸杂略得要抄子》："小儿初生时，煮虎头骨，取汤洗，至老无病，吉。"宋代医书《小儿卫生总微论方》也有关于新生儿沐浴的记载："须先洗浴，以荡涤污秽，然后乃可断脐。"婴儿初生时，身上、嘴里全是血污，先把身体洗干净再剪断脐带，可以有效防止细菌感染，这是有一定的科学根据的。清代康熙年间的《全婴心法》"洗儿法"更具科学精神，书上说："儿出胎浴洗，用益母草，苦草煎汤，或入盐少许。汤要调和冷热，若太冷、太热，俱不相宜，必预煎收贮，候温取浴，勿入生水，洗毕拭干。以腻粉研之极细，摩其遍身，及两胁下，然后绷裹，既不畏寒，又无诸气。今执三朝古礼，将绷裹之儿复洗，若儿之体怯，多致感冒惊风。变通在人，只根据此出胎便洗，甚为稳当。"婴儿初生时比较脆弱，所以要好好呵护，若呵护不当，将会留下终身疾患，所以要非常注意。浴婴的习俗一直比较流行，一直到现代。有些地方给新生儿洗澡还保留了一定的仪式，例如北方地区给新生儿沐浴，浴盆要放葱和姜，"葱"与"聪"同音，"姜"与"强"音近，寓意小孩聪明、强壮。

洗三　是洗三朝的简称，也叫三朝洗儿或洗儿，是新生婴儿出生后第三天举行的洗浴仪式。古代医疗卫生条件较差，新生儿的死亡率非常高，三天算是一个考察期，如果产妇跟孩子都安然无恙，全家人才会真正地放下心来，欢欢喜喜地向亲友报喜，拜祭神明及祖先。

洗三朝在唐代已经很盛行了。过去一般认为洗三最初是宫廷礼仪，首倡者为唐玄宗李隆基。唐代李德裕著有《次柳氏旧闻》一书，记载玄宗开元十四年（公元726年）十二月十三日，皇太子李亨生下第一个儿子李豫。皇孙出世三日，李隆基亲赴东宫，指着迎接圣驾的李亨对随侍的高力士说："这所宫殿里有三代天子，真叫人高兴呀！"接着，他命令随侍拿出一个用纯金锻造的澡盆，吩咐用这个盆盛水，为第三代天子举行一个香汤沐浴的仪式。小皇孙受洗金盆后，再用襁褓裹起。高力士带着宫人们三呼万岁，玄宗非常高兴，大大赏赐了宫人们。从此以后，宫中逢有生育，无论男女，都在诞后第三天举行一次洗礼，渐渐成为规矩，并照例给宫人赏赐，称作"洗儿钱"。洗三是大吉大利的事情，宋代文人的参与使得这种习俗增添了不少的文化气息。据文献记载，宋代著名诗人梅尧臣家小孩洗三，当时的名人欧阳修等人前往祝贺，但是都没有准备财礼，而是每个人带一首"贺洗儿诗"，梅尧臣答谢时也不发洗儿钱，同样以一首"洗儿诗"来应酬。他的诗写得很有意思："夜梦有人衣帔幌，水边搜我黄龟儿。明朝我妇忽在褥，乃生男子实秀眉。"自己小孩诞生前兆不凡，想必也是不凡之人。宋代大文豪苏轼有两首关于"洗儿"习俗的诗，《洗儿》诗为其儿子洗三所作："人皆养子望聪明，我被聪明误一生；惟愿孩子愚且鲁，无灾无难到公卿。"另一首是为祝贺弟弟苏辙喜得孙儿所作，为《贺子由生第四孙斗老》："今日散幽忧，弹冠及新沐。况闻万里孙，已报三日浴。朋来四男子，大壮泰临复。开书喜见面，未饮春生腹。无官一身轻，有子万事足。举家传吉梦，殊相惊凡目，烂烂开眼电，硗硗崝头玉。"

到了明清时代，洗三的习俗依然盛行，不过已经具有科学的成分了，例如清代人石成金在他的养生著作中说："儿至三日之候，俗例洗三。但夏月天热或可洗，若冬寒洗，恐风入脐腹，脐风由此而起，或只洗头面亦可。俗传若不洗三，则长大皮粗起秕。予曾屡见有不洗三者，至老不闻皮粗起秕。不独洗三可已，即初生亦当戒浴，保固真元。北人不浴，但以旧绵拭净。或大小便处，略以水揩，所以北人较南人壮，实不徒风气然也。浴儿务须密处，更不可久浴。如必洗三，夏天三四日后洗，冬寒十余日后洗。或用猪胆四个煎汁，煎水七八碗，煎至四五碗，待水和温洗儿，一生永无疮疥。"这纯粹是从婴儿护理的角度来谈洗三的利弊及注意事项的。

古代的洗儿钱

祓禊　《说文》："祓，除恶祭也。""祓"是去除不吉祥的一种祭祀。"祓禊"是一种古老的习俗，人们在农历三月的第一个"巳"日到水边濯洗手足或身体，以期洗去邪气，祈求安康。"祓禊"也叫"上巳"，顾炎武《日知录》说："季春之月，辰为建，巳为除，故用三月上巳祓除不祥。"《说文解字》解释"巳"字，则说："巳也。四月阳气已出，阴气已藏，万物见，成文章。"因为"巳"具有去阴为阳的文化含义，因而选择于巳日举行驱除不祥的宗教仪式，之所以会在三月举行，大概是由于这时候天气暖和，适宜水边盥濯活动，所以《韩诗外传》、《诗经·郑风·溱洧》解题说："三月桃花水下之时至盛也，当此盛流之时，众士与女方执兰，祛除邪恶。郑国之俗，三月上巳之辰，此两水之上，招魂续魄，拂除不祥。"

被褉的风俗到魏晋时期还很盛行，曹魏时将时间从三月的第一个巳日改为每年的农历三月初三，《晋书·礼志下》记载："汉仪，季春上巳，官及百姓皆褉于东流水上，洗濯被除去宿垢。而自魏以后，但用三日，不以上巳也。晋中朝公卿以下至于庶人，皆褉洛水之侧。"当时被褉的形式也有了新的变化，濯洗手足只是一种形式，人们更多地是利用这个时间在水边结伴宴饮，魏晋之间的成公绥在他的《洛褉赋》记载："考吉日，简良辰。被除鲜褉，同会洛滨。妖童媛女，嬉游河曲。或浣纤手，或濯素足。临清流，坐沙场。列罍樽，飞羽觞。"其中就有饮酒场面的描写。东晋王羲之《兰亭集序》描写的则是修褉后当时名流的盛宴。唐宋以后，被褉的习俗被春游所代替，人们在暮春三月到野外踏青成为时尚，而被褉相关的仪式已经没有人知道了。

兰亭修禊图（局部）（明·文徵明）

浴尸　　水是孕育生命的物质，古人认为人死之后用水给他沐浴，可以洗刷掉他生前的污秽，让他早日投胎转世。给尸体沐浴的习俗从先秦一直延续到现代。根据《礼记·丧大记》、《仪礼·士丧礼》的记载，在小敛之前要先给尸体洗浴。管人（负责管理房舍的人）从井里打水上来，巫师在堂上用打上来的水就着盆淘米，管人在台阶下面接过淘米水，把它放在鬲里，然后用土块垒筑炉灶，把鬲放在上面加热。洗米水烧好之后，死者生前的侍从进来，用洗米水给死者洗头，死者的亲属站在室外面北站立等候。侍从给死者洗头、梳头，然后用布巾擦干，接着给死者洗擦身体，用浴衣擦干，洗浴完毕，将洗过的水及梳子、浴巾、浴衣等一并扔到甸人早已掘好的坎中。然后像平常一样给死者修理指甲、头发和胡须，接着用发髻束发，插上发笄，穿上贴身内衣，洗浴过程才算结束。

在中国南方，唐宋以来有到水边"买水"浴尸的习俗，南宋范成大《桂海虞衡志》载："（广西羁縻州县人）亲始死，被发持瓶瓮，恸哭水滨，掷铜钱、纸钱于水，汲归浴尸，谓之买水，否则邻里以为不孝。"同时代的周去非《岭外代答》卷六"买水沽水"也有相同的记载："钦（州）人始死，孝子披发顶竹笠，携瓶瓮，持纸钱，往水滨号恸，掷钱于水而汲归浴尸，谓之买水。否则，邻里以为不孝。"这种习俗直到清代仍然流行，例如清代吴震方《岭南杂记》载："惠州人死未殓，亲人至江浒，望水号哭，投钱于水，汲水而归，浴而殓。"

（五）如厕与相关汉字

排泄是人类最基本的生理现象之一，今天我们谈论这个话题是不登大雅之堂的，但它却是人类日常生活中最重要的事情之一，有关如厕的习俗也是衡量人类文明的一个重要标志。厕所，是人们每天都去的地方，人类早期没有厕所，人们随地便溺，便后不用擦秽，不用洗手，与动物没有什么两样。随着社会的进步，厕所产生了，一系列的如厕习俗和卫生要求日臻完善，人类的文明出现了质的飞跃。

中国人把排泄物称为"便"，大遗为"大便"，小解为"小便"，这纯粹是从生理愉悦的角度进行的命名。《说文》："便，安也。人有不便，更之。从人更。"一个人吃饱喝足，肚胀肠满，消化之后如果不能排泄，将会非常难受，坐立不安。大小便通畅，人就会身心愉悦。"便"是"人"与"更"组合而成的会意字，"更"是更换的意思，人将自己身上的废物排出体外就感觉舒适了。

1. 厕所形制与相关汉字

古代的厕所结构是什么样的，文献少有记录。出土的陶厕和古代墓葬的厕所可以让我们了解古人方便之所的大致面貌，留传下来的文字形体也可以为我们提供相关的线索。在中国古代，厕所有不同的名称，写成汉字有"匽"、"圂"、"圊"、"厕"等字。

匽 yàn　　《说文》："匿也。"段注："匽之言隐也。"其金文形体为匽，左边为乚，这是"隐"字早期的写法，像建筑物或山体的拐角，右边是妟，是"妟"字的金文形体，"妟"，《说文》："安也"，是安全、平安的意思。这两个字符组合在一起表示藏匿得很好。便溺是不登大雅之堂的事情，必须做好隐蔽工作，由此引申出厕所的意思。

中国最早的厕所产生于什么时候已不得而知，但最迟在周代就有了。《周礼·天官》中有这样的记载："宫人掌王之六寝之修，为其井匽，除其不蠲，去其恶臭。"

句话的大概意思是：宫人专门负责给周王打扫房间卫生，建厕所，清除不洁之物，消除臭气。汉代郑玄解释说："井，漏井，所以受水潦……匽猪，谓霤下之池，受畜水而流之者。"唐代孔颖达有类似的说法："宫中为漏井以受秽，又为匽猪使四边流水入焉。井匽二者皆所以除其不蠲洁，又去其恶臭。"这里的"井"不是水井，而是漏井，是一个很深的水池，类似于今天的化粪池；"匽"是匽猪，是连接"井"的水沟，便后污秽之物用水冲进井里，然后通过水沟排出，这样可以保持厕所的洁净。

关于古代厕所里边的布局，文献没有记载，但厕内有深坑，这是可以肯定的。《左传·成公十年》记载晋景公晚年得了大病，请巫师占卜，巫师跟他说，他吃不到今年的新麦子了。晋景公很生气，熬到了六月，管理农田的人献上了新割的麦子，晋景公捧着用新麦煮的粥把巫师叫来，说："你不是说我吃不到今年的新麦了吗？你看我手里捧着的是什么？"然后下令将巫师处死。处死巫师之后，悲剧也接着发生："将食，张，如厕，陷而卒。"晋景公突然觉得肚子胀，就去上厕所，谁知道掉进厕所的深坑里活

西汉梁孝王墓葬的厕所

活淹死，最终还是吃不上新麦。由此可知，古代厕所里的粪坑还是挺深的，足以将人淹死。

汉代贵族的墓葬往往设有厕所，从中可以大致了解冲水式厕所的结构。左图是河南永城芒砀山西汉梁孝王墓内的厕所，在坐便器的正后方墙上凿有一条冲厕的水管，蹲位旁边还有石质扶手，便器下方是深坑。

圂 hùn　《说文》："厕也。从口，象豕在口中也。"其小篆形体为圂。"圂"是厕所的意思，"口"读为 wéi，是一个围墙的形状；"豕"是猪的意思。两个字符组合成的意义是：一个高墙围成的院子里边关着猪。《玉篇》："圂，豕所居也。"作者认为"圂"是猪圈。"圂"也可以写作"溷"。"溷"有三个意思：①肮脏、浑浊；②厕所；③猪圈。它们都是对同一个东西归纳出来的意义。如果不了解古代厕所的形制，我们就会摸不着头脑。原来古代的厕所是与猪圈组合在一起的，其往往是在猪圈上面盖厕所，这样人的便溺与猪的粪便可以混合在一起，达到积肥的目的。我国最早的一部农书《氾胜之书》就提到"溷中熟粪"，是指"溷"中猪粪尿、人粪尿充分混合、腐熟了的肥料。汉代到三国期间陪葬的明器也有许多陶制的厕所，这种厕所就是与猪圈组合的。

带猪圈的陶厕（汉）　　带猪圈的陶厕（三国）

从实物来看，厕所大多是阁楼式的建筑，一般比猪圈高，往往筑有阶梯以方便如厕。猪圈大部分是露天的，猪可以在厕所底下活动。

古代的文献记录也有反映了厕所与猪圈合一的情况。文献记载周文王是在猪圈里边出生的，例如《竹书纪年》："季历之妃曰太任，梦长人感己，溲于豕牢而生昌，是为文王。"周文王的母亲叫太任，她梦见一个身体很长的人走进自己的身体而怀孕，在猪圈上厕所的时候生了姬昌，也就是后来的周文王。《国语·晋语》也有类似的记载："太任震文王不变，少溲于豕牢而得文王，不加病焉。"太任怀了文王但是身体没有变化，她到猪圈方便的时候产下了文王，但人们没有为此而诟病她。后代厕所与猪圈分离，人们不了解这种变化，可能会觉得周文王在猪圈出生，比较低贱，殊不知那个时候猪圈就是厕所，就像今天一个孕妇在上洗手间的时候突然生孩子一样，是很自然的现象，人们当然不会对此说三道四。《史记·高后本纪》记载吕后在高祖刘邦死后报复自己的对手戚夫人："太后遂断戚夫人手足，去眼，辉耳，饮瘖药，使居厕中，命曰'人彘'。居数日，乃召孝惠帝观人彘。孝惠见，问，乃知其戚夫人，乃大哭，因病，岁余不能起。"吕后的手段很残忍，把戚夫人的手脚砍掉，把眼睛挖掉，用火把耳朵熏聋，给她灌药让她变哑，把她当作猪一样扔在厕所之中，给她起了个名字叫"人彘"。"彘"就是大猪的意思。过了一些时候，吕后叫自己的儿子汉惠帝到厕所里看人彘，惠帝开始不知道是什么东西，当他知道是戚夫人的时候就被吓哭了，因此生了一场大病。这条记录可以推知汉代的厕所是跟猪圈连在一起的。《史记·酷吏列传》也记载了皇家园囿的厕所里养有猪："尝从入上林，贾姬如厕，野彘卒入厕。上目都，都不行。上欲自持兵救贾姬，都伏上前曰：'亡一姬复一姬进，天下所少宁贾姬等乎？陛下纵自轻，奈宗庙太后何！'上还，彘亦去。"汉景帝和宠妃贾姬到上林苑游玩，贾姬内急如厕，没想到家猪把野猪引诱到了厕所里。野猪与家猪不同，它们会攻击人。野猪把贾姬围住，情况危急。皇帝望着随行的郅都，想让郅都去救贾美人，郅都不予理睬。汉景帝想英雄救美，拿着兵器准备冲上去，郅都赶紧跪下来说："死了一个美女可以再找一个，天下间难道还会缺少像贾姬这样的人吗？你这样不顾惜自己的生命，你有考虑过国家和太后的感受吗？"汉景帝只好走开，野猪也慢慢离去。

汉代人认为厕所里的猪跑出来是不祥之兆，《汉书·武五子传》记载汉武帝之子燕王刘旦密谋推翻昭帝自立时，猪群从厕所中跑出，弄坏了宫中厨灶："厕中豕群出，坏大官灶。"大官，即太官，主管宫廷饮食，意思是猪群从厕所里跑出来，弄坏了御厨。史书记载这个细节，表明有不祥之事发生，燕王刘旦谋反注定要失败的。从这里也可以知道汉代的厕所跟猪圈是合为一体的。

晋代以后，厕所和猪圈才开始分开，但是这种习俗并没有彻底消失，即便是现在，农村很多地方还有厕所猪圈合一的建筑结构。

圊 qīng　《说文》："厕清也。"从囗青声，"囗"与围墙有关，古代厕所通常是由高墙包围的。"圊"的小篆形体为圊，其最初写作"清"。为什么称呼厕所为"清"呢？南唐徐锴解释说："厕古谓之清者，言污秽常当清除也。"意思是厕所是污秽之地，要经常清扫，所以叫清。

厕 cè　《说文》："清也。""清"是厕所的意思。"厕"字从厂则声，"厂"音 yǎn，原指山崖，后引申为房屋，"厕"从"厂"，可见它是与房屋同类的建筑。《释名》："厕言人杂厕在上，非一也。"厕所之所以叫"厕"，是因为它是公共的，不同的人混杂在一起而不是只有一个人使用。

分别男女的厕所（汉）

古代的厕所与今天一样，有公厕与私厕的分别。先秦的公厕一般建在路边，所以也叫"路厕"。战国时期，厕所的规格似乎已有定制，《墨子·旗帜》记载："于道之外为屏，三十步而为之圂，高丈。为民溷，垣高十二尺以上。"这段话的意思是：厕所一般建在路边，周围要用围墙挡住，如果是军队的厕所，周长30步，高一丈；如果是民用的厕所，围墙高一丈二尺。周代一尺约为23.1厘米，一丈大约2.3米，民用的厕所围墙高度为2.76米。这么高的围墙，可体现出其保密性相当好。最初的厕所是男女共用的，为了避免如厕的尴尬，慢慢就出现了区别男女的厕所。至于厕所什么时候开始分别男女，史料上没有记载。从考古的实物来看，至迟在汉代厕所就已经分男女了。中国农业博物馆藏品中有一件汉代陶厕，厕所与猪圈建在一块，猪圈两边各建一个厕所，很明显一个是男厕，一个是女厕。

陕西汉中市汉台区的一座古墓中曾出土过一件西汉末年王莽时期的明器"绿釉陶厕"，这座陶厕有房顶，以正梁为中轴线将房分开两半，厕所内用墙分隔，外墙有两个门，门外亦有一道短墙，将左右隔开，区分出男厕与女厕。

绿釉陶厕（汉）

厕所分男女是社会文明进步的表现，男女不再因共厕而尴尬，同时这也是维护儒家"严男女之大防"观念的需要，厕所分开，可以减少男女接触的机会，可以有效维护封建礼制。

古代民间公厕的数量标准没有文献记载，明代戚继光《练兵实纪》卷七中是这样规定军厕数量的："每马军一旗，每车兵二车，各开厕坑一个，于本地方。"按照明代军队的编制，每旗辖三到五个队，每队十一人，每车二十四人，一旗以五个队计算，则有五十五人，二车四十八人。也就是说，在戚家军营内，五十人左右建一厕所。

除了公厕，古代也有私厕，私厕是私人的厕所，仅供少数人使用。两汉以后，贵族富人家中一般建有厕所。公厕一般比较简陋，往往仅能避风雨和遮羞，私厕往往比较豪华。石崇是西晋富甲天下的大富豪，其厕所达到奢侈的地步。《世说新语·汰侈》记载："石崇厕，常有十余婢侍列，皆丽服藻饰。置甲煎粉、沉香汁之属，无不毕备。又与新衣著令出，客多羞不能如厕。"这段话的意思是说石崇家的厕所，经常有十多个婢女侍候如厕，她们都穿着华丽的衣服，精心打扮；厕所里边放上甲煎粉、沉香汁一类物品，各样东西都准备齐全。宾客上完厕所，婢女要给他们换上新的衣服。客人大多因为难为情而不想上厕所。东晋裴启的《语林》对石崇的厕所也有相关的记载："刘寔诣石崇。如厕，见有绛纱帐大床，茵蓐其丽，两婢持锦香囊。寔遽反走，即谓崇曰：'向误入卿室内。'崇曰：'是厕耳。'寔更往，向乃守厕婢，所进锦囊，实筹。良久不得，便行出。谓崇曰：'贫士不得如此厕。'乃如他厕。"刘寔是当时的名士，他去拜访石崇。期间内急跑去上厕所。走到厕所门口，探头一看，里边有挂着红纱帐的大床，床上的被子、坐垫非常漂亮，有两个婢女手里拿着香囊侍候在旁。刘寔急忙往回走，回到客厅跟石崇说："不好意思啊，刚才不小心跑到您的卧室里去了。"石崇说："那是厕所。"刘寔再一次回到厕所里，侍候的婢女给他递上香囊，其实那是便后擦秽的厕筹。刘寔贫寒出身，哪里见过这种排场啊？他在厕所里蹲了半天也拉不出来，只好提着裤子走出来，对石崇说："穷人用不惯您这种厕所。"于是换了别的厕所。书上没有着意描写石崇的厕所装修如何富丽堂皇，但是从其配置就知道是何等的讲究！

　　同样是豪华私厕，晋武帝的女儿舞阳公主为了避免臭气，在其厕所摆放干枣，用来堵塞鼻子。《世说新语·纰漏》记载："王敦初尚主，如厕，见漆箱盛干枣，本以塞鼻，王谓厕上亦下果，食遂至尽。"王敦少时贫寒，后来娶了晋武帝的女儿，结婚后第一次上公主的厕所，看到厕所的漆箱里装着很多干枣，这些枣子本来是用来塞鼻子的。王敦不懂，以为厕所也摆设果品，于是大吃起来，没想到一口气把它们吃完了，结果又闹一个笑话。

　　成书于南北朝的《洛阳伽蓝记》对当时贵族奢华的厕所也有记载，例如："陈宛盛其居，上厕，上术汤盥手，槐板覆敞粪穴，为都城第一。"陈宛为自己建造豪华的住宅，上厕所后用白术煮的水洗手，用槐木板覆盖粪坑，这种设施在当时的京城没有第二家。两晋时代的《襄阳记》亦记载："刘香和如厕，从香烟上过。"古人的厕所整洁干净，香烟四溢。这么好的环境，上厕所就是一种享受。不少古人喜欢在如厕的时候看书、构思作文。欧阳修《归田录》记载："钱思公虽生长富贵，而少所嗜好。在西洛时，尝语僚属言：'平生惟好读书，坐则读经史，卧则读小说，上厕则阅小辞，盖未尝顷刻释卷也。'谢希深亦言：'宋公垂同在史院，每走厕，必挟书以往，讽诵之声，琅然闻于远近，其笃学如此。'余因谓希深曰：'余平生所作文章，多在三上，乃马上、枕上、厕上也。盖惟此尤可以属思尔。'"这段话的意思是：钱惟演（钱思公）虽然生长在富贵之家，却很少有别的爱好。在西京洛阳的时候，他曾经对官僚下属说："平生唯独爱好读书，坐着读经书、史书，躺着则读各种杂记，如厕的时候则读小辞。大概从未把书放下片刻。"谢绛（谢希深）曾经说："和宋公垂同住在史院的时候，他每次上厕所一定带上书，读书之声，清脆响亮，远近都能听见，好学竟到了如此地步。"欧阳修因此对谢绛说："我平生所作的文章，多半在'三上'，即马上、枕上、厕上。因为只有这样才可以好好构思罢了。"

元代有一位著名的书画家叫倪云林，他有严重的洁癖。《云林遗事·洁癖》对倪云林家的厕所有过介绍："其溷厕，以高楼为之，下设木格，中实鹅毛。凡便下，则鹅毛起覆之，童子俟其旁，辄易去，不闻有秽气也。"这种厕所是一种创举，在高楼上修建厕所，用木格做成粪坑，中间用鹅毛填满。上厕所的时候，大便落下来，鹅毛也跟着掉下来把粪便盖住，格子旁边站着一个小童，马上将粪便拿走，根本就闻不到有臭气。在高台上如厕，看着白花花的鹅毛伴随着排泄物哗啦啦地飘落，感觉一定很舒畅，只是苦了下面拾秽的童子。倪云林的厕所是够讲究的了，但是其结局似乎比较讽刺。明朝人王锜《寓圃杂记》卷六记载："倪云林洁病，自古所无。"最后，"云林为太祖投溷厕中死，盖恶其太洁而污之也"。他最后被明太祖扔到厕所里淹死，原因是朱元璋讨厌他太爱干净而要玷污他。

2. 如厕的称谓及相关典故

一直以来，如厕都被认为是不雅的事情，指称时往往采用委婉的说法。历史上如厕的说法很多，这些说法的后面往往隐藏着相应的习俗。

    更衣   汉代之后人们普遍穿着长袍，由于衣服过长，大便时容易弄脏，为此人们如厕往往将外衣脱掉，这种习俗从汉代开始一直到宋代仍然流行。成书于唐代的《玉泉子》记载："（杨希古）性又洁净，内逼如厕，必散衣无所有，然后高屐以往。"杨希古本性喜欢干净，内急如厕一定要脱光衣服，然后穿着很高的木屐登厕。《五灯会元·湛堂传》也有相关的记载："师半夜特往登溷，方脱衣，悟即提净桶至，师曰：'待我脱衣。'脱罢，悟复到。"湛堂禅师夜里要上厕所，刚刚准备脱掉衣服，他的弟子悟已经提着便桶进来了，湛堂说："等我脱了衣服吧。"把衣服脱掉之后，悟再次进来。一般而言，上厕所难免会产生难闻的气味，富贵人家认为原来穿的衣服已经沾染了粪臭，所以便后要更衣。便后更衣一度成为习俗，人们可以用"更衣"委婉地指代如厕大遗。东汉王充《论衡·四讳》说："夫更衣之室，可谓臭矣；鲍鱼之肉，可谓腐矣。""更衣之室"不是换衣服的房间，而是厕所，如果是更衣室，就不可能充满秽臭。张仲景的《伤寒论·少阴病》里说："少阴病，下利，脉微涩，呕而汗出，必数更衣，反少者，当温其上，灸之。"其中，"必数更衣"中的"更衣"也是指代上厕所。

净手　净手是把手洗干净的意思，这句话也可以委婉地指代大小便。古人如厕洗手在很早的时候已经成为习惯。《世说新语·纰漏》记载王敦如厕后，婢女端上金澡盘和澡豆给王敦洗手，可见便后洗手在贵族之间已经流行。《五灯会元·湛堂传》："师半夜特往登圊……未几悟供筹子，师涤净已，召接净桶去。"也可见古人便后有洗手的习惯。清朝人编撰的《弟子规》教导孩童要养成好的生活习惯，其中有："晨必盥，兼漱口，便溺回，辄净手。"大小便后要马上洗手已经作为童蒙教学的内容。

登东　也叫登东厕，是大小便的委婉说法。中国自先秦以来流行五行的观念，五行是金木水火土，分别对应五个方位，东木西金北水南火中土。在日常生活中，要顺应五行相生的原则，而忌讳相克。古时候没有化肥，人们种地是用天然的肥料，粪便是其中重要的肥料之一。厕所是粪便的生产基地。厕所要建在房屋北面偏东的地方，北是水位，东是木位，五行相生，水生木，东边的木位含有耕种的意思，所以厕所建造在北面偏东的位置，可以源源不断地产生肥水，确保粮食丰收。古代厕所大多是台阁式的，如厕必须要顺着阶梯登上去，所以去上厕所就叫"登东厕"，简称"登东"。

解手　该词字面的意思是将手解开，后来用于指代大小便。古代押解犯人时要将其手捆缚起来，途中吃饭或大小便时须将犯人的手解开，这叫"解手"。《隋书·麦铁杖传》记载："逆帅李棱遣兵仗三十人卫之，缚送高智慧。行至庆亭，卫者憩食，哀其馁，解手以给其餐。铁杖取贼刀，乱斩卫者，杀之皆尽，悉割其鼻，怀之以归。"麦铁杖战败被俘，敌帅李棱派了三十个人的卫队将他押送给高智慧。走到庆亭的时候，卫卒休息吃饭，他们可怜麦铁杖肚子饿，就将他手上的绳索解开让他吃饭。麦铁杖趁机夺过卫卒的刀乱砍一通，将卫卒全部杀死，然后割下他们的鼻子，揣在怀里跑了回来。大小便本来不雅，犯人内急不敢直说，只能跟押差暗示要"解手"才能完成这种事情。所以"解手"便可以很自然地指代大小便。

出恭　元明时代科举考试的时间较长，一场一般要一天，乡试以上考前一天入场，考后一天离场，前后三天。为了严肃考场纪律，防止作弊，期间严禁外出。但

明代科举考试的考场

是人有三急，为了便于管理，防止考生喧哗和擅自离开，考场设有"出恭"、"入敬"牌，考生若要上厕所，则需要先领取此牌，举于胸前，到指定地点解决。由于"出恭"、"入敬"牌的主要目的是上厕所，所以民间用"出恭入敬"指代如厕，简称"出恭"。

3. 便后拭秽与相关汉字

在发明纸之前，人们便后拭秽的材料，文献很少有详细介绍。直到三国以后才看得到相关的记载，后代大多使用竹签如厕，直到晚近才基本改用草纸。这种竹签叫"筹"。

筹 chóu 《说文》："壶矢也。"壶矢是古代投壶游戏用的竹签。《礼记·投壶》："筹，室中五扶，堂上七扶，庭中九扶。"古代的壶矢有三种尺寸，在室内投的长度为两尺（一扶等于四寸，五扶等于两尺），堂上投的长二尺八寸，庭院投的长三尺六寸。古代算数用的木片、竹片也称为"筹"，例如《老子》："善算者不用筹策。"《说文》："算，长六寸，计历数者。"汉代一寸大概在2.1厘米到2.3厘米之间，所以算筹的长度一般在12～14厘米之间。拭秽的竹片大概与算筹相似，因此也叫"筹"，为了表示分别，也叫"厕筹"。

投壶图（宋·胡定安）　　　　算筹（西汉）

古人便后用厕筹的时间可以追溯到西汉。1979年6月，甘肃文物工作队在敦煌马圈湾烽燧遗址中清理出上千块简牍，这些出土的竹木简牍大多是西汉宣帝时期的，大约在公元前65年至公元前50年之间。其中不少简牍沾有粪便，专家考证它们是用于拭秽的废简。

文献记载使用厕筹始见于唐宋人的记录。唐朝僧人道世在《法苑珠林》卷十三之"感应录"记载："吴时于建邺后园平地，获金像一躯。讨其本缘，谓是周初育王所造，镇于江府也。何以知然？自秦汉魏未有佛法南达，何得有像埋瘗于地？孙皓得之，素未有信，不甚尊重，置于厕处令执屏筹。""屏筹"就是厕筹。吴主孙皓扩建后花园得到金佛一尊，他不知尊敬，把它放到厕所里让它捧厕筹。所以后代有人说吴国亡国是因为孙皓污辱了佛像。这当然有点无稽，但是从这里可以得知三国时便后用厕筹已经比较普遍。宋代马令《南唐书·浮屠传》："后主与周后顶僧伽帽，披袈裟，课诵佛经，跪拜顿颡，至为瘤赘。亲削僧徒厕简，试之以颊，少有芒刺，则再加修治。"南唐后主李煜笃信佛教，他与皇后戴着僧帽，披着袈裟，天天诵读佛经，顶礼膜拜，亲自为僧徒削制厕简，削好后在自己的脸颊刮擦，稍有不光滑的地方就进一步削平。但是南唐也照样脱离不了灭亡的命运。

纸张在汉代已经发明，因其成本高、产量低，一般只用于书写和印刷书籍。传统认为文字是圣人创造出来的，神圣无比，有字的纸张不能乱丢，更不能玷污，所以纸张在很长的时间内并没有用于便后拭秽。元代蒙古人统治中原，其敬畏文字的观念比较单薄，纸张开始被用作便后用品。《元史》记载裕宗徽仁裕圣皇后当太子妃时侍候婆婆昭睿顺圣皇后如厕用纸："后性孝谨，善事中宫，世祖每称之为贤德媳妇。侍昭睿顺圣皇后，不离左右，至溷厕所用纸，亦以面擦，令柔软以进。"元时纸张质量粗糙，为了让婆婆上厕所能更舒服，徽仁裕圣皇后先用自己的脸把纸揉软再拿给婆婆用。这种孝行确实少有。

明清时期，便后用纸已经比较常见了，据《明史》志第五十职官三记载："惜薪司掌所用薪炭之事；钟鼓司掌管出朝钟鼓，及内乐、传奇、过锦、打稻诸杂戏；宝钞司掌造粗细草纸；混堂司掌沐浴之事。"其中，宝钞司是管手纸的部门，需专人管理，可见其重要性。《红楼梦》第四十一回有段刘姥姥拉肚子的文字："刘姥姥觉得腹内一阵乱响，忙的拉着一个小丫头，要了两张纸就解衣。众人又是笑，又忙喝他'这里使不得'！忙命一个婆子带了东北上去了。"这段描写说明，在曹雪芹生活的时期，无论是大观园还是乡下，人们都已经使用手纸拭秽了。

4. 便器与相关汉字

古代厕所往往离居室较远，天气不好或夜间如厕会非常不便，老人在这些环境中更是困难，因此古代除了厕所，人们还广泛使用便器。

褽窬 wēi yú　褽，《说文》："褽窬，亵器也。"窬，《说文》："穿木户也。一曰中空也。"字亦写作"褕"。《说文》解释"褽"字时与"窬"并举，其实它们是两种东西。"亵"的本义是贴身内衣的意思，进而引申为"污秽、不洁"的意思。"亵器"是污秽不洁的器具，委婉指代便器。"褽"似乎是周秦以前便器的名称，其形状如何已不得而知，但从它所从的木字旁，可以推知这种器具应该是用木头做成的。东汉贾逵已经认为械是小便器，功能与当时的虎子相当。"䆥"字从"穴"，应该与"孔、穴"有关，《说文》的一个意思是"中空"，可以认为是中间挖空的器具。郑玄认为其为大便器，他指出："䆥，行清，空中受粪者也。东南人谓凿木空中如曹谓之䆥。""清"与"圊"同，"行清"是厕所的意思，这种便器是把木头中间挖空成槽状用以大便。木桶在唐以后才产生，木桶产生之前，马桶的功能由"䆥"来承担。

虎子、马桶　秦汉以后，便器一般称为虎子。最初的虎子专门用于小便，相当于晚近的尿壶。便器为什么叫虎子？有两种说法：其一，据《西京杂记》载，西汉时"飞将军"李广夜里射死卧虎，为了彰显自己的威力，他让人用铜把溺具铸成虎形，把小便解在里面，表示对猛虎的蔑视。民间纷纷仿效，将溺具做成虎形，所以叫虎子。其二，根据元代陈芬《芸窗私志》记载："客问瑶卿曰：'溺器而曰虎子，何也？'答曰：'神鸟之山，去中国二十五万里，有兽焉，名麟主，服众兽而祛邪。此兽欲溺，则虎伏地仰首，麟主于是垂其背而溺其口。故中国制溺器名虎子也。'"这是民间传说，相传在距离中国二十五万里的地方有一座神鸟之山，山上有一只叫麟主的猛兽，它可以辟邪，山上所有的野兽都臣服于它，连凶猛的老虎也要讨好它。当这种猛兽要小便的时候，老虎就趴在地上抬起头张开嘴巴来接它的尿液。所以中国人就把溺器做成老虎的形状，起名虎子。这种解释似乎更有道理，因为在战国时期就已经出现虎形的溺器，此时李广还没出生。早期的溺器为"械"，与"威"、"畏"音近，大概取义于老虎被麟主的威严镇压，产生敬畏之意。虎为百兽之王，可与帝王身份相配，所以虎子最初只有帝王使用，后来才普及为普通老百姓的日常用品。《西京杂记》记载："汉朝以玉为虎子，以为便器，使侍中执之，行幸以从。"汉朝皇帝为了不用跑厕所，用玉做了一个虎子，让侍中拿着，皇帝可以随时取用。可见虎子早期为帝王用品。

漆虎子（战国）　　青釉虎子（晋）　　青釉虎子（三国）

"虎子"是"马桶"的前身。南宋赵彦卫《云麓漫钞》记载："马子，溲便之器也。本名虎子，唐人讳虎，始改为马。"唐高祖李渊的祖父名李虎，唐朝建立之后为了彰显皇家的尊严，人们不得称呼其先人的名字，因此"虎子"被改名为"兽子"或"马子"。南宋时开始有"马桶"的名称，其形状已经摆脱虎形，功能也有所扩展，大小便都可以使用。虎子原来只是男性的溺器，发展为马桶之后，全家大小都可以使用。

古代有些便器做得非常美观，俨然成了一件艺术品。《宋史·世家第二》记载西蜀国君孟昶的便器非常豪华，上面镶满宝石："昶在蜀专务奢靡，为七宝溺器，他物称是。"传说宋太祖灭了西蜀，将其宫殿中的宝物运回汴京，很喜欢其中的一个镶满宝石的盆子，还准备用它来做饮酒的杯子。谁知这正是孟家的那只七宝便盆。有一天，太祖召见孟昶的宠妃花蕊夫人，花蕊夫人见其桌上摆放的竟然是自己家的便器，这还了得？她赶紧跟太祖说那是孟昶的便盆，太祖非常生气，"见孟昶宝装溺器，掊而碎之，曰：'汝以七宝饰此，当以何器贮食？所为如是，不亡何待！'"把便器打个粉碎，还说便器都做得这么奢华，怎么能不亡国呢？

南宋时期，马桶已经成为城市居民日常生活的必备器具，因而产生了倒马桶的专职人员，据《梦梁录》卷十三记载："杭城户口繁伙，街巷小民之家，多无坑厕，只用马桶，每日自有出粪人瀽去，谓之

旧式马桶

'倾脚头'，各有主顾，不敢侵夺，粪主必与之争，甚者经府大讼，胜而后已。"都城杭州人口众多，家庭一般没有厕所，只有马桶，每天都有人来倒马桶，这种人称为"倾脚头"。他们各有固定的客户，相互之间不能抢夺，否则将会出现官司纠纷。由于粪尿是重要的肥料，可以卖钱，因此宋代不管公厕还是马桶，都收拾得非常干净，大街小巷洁净异常，所谓"花光满路"。

如厕是不登大雅之堂的日常起居活动，然而史书上相关的记载并不少见。《战国策》记载宋偃王非常暴戾且内心阴暗，他用铜铸造了各国诸侯的形象，把它们摆放在厕所里，上厕所的时候摆弄它们的手臂，用手指弹击它们的鼻子，可谓过分且无聊之极。诸侯们得知后联合举兵攻打宋国，宋国很快灭亡。《史记·李斯列传》记载，秦朝丞相李斯年轻的时候当了郡县的小官，在官衙上厕所时，看到厕所中的老鼠在偷吃粪便，它们见到人惊恐万状，逃匿不迭。他到仓库检查工作，看到仓库里的老鼠在吃粟米，它们吃住不愁，见到人还悠然自得，丝毫不见恐惧的样子。"于是李斯乃叹曰：'人之贤不肖譬如鼠矣，在所自处耳。'"李斯通过比较，意识到人的表现就像老鼠一样，跟它们所处的环境有关。于是李斯辞掉官职去跟荀子学习帝王之术，终于当上了秦朝的丞相。刘邦以前看不起读书人，有读书人去拜访他，他都要把他们的帽子解下来，当众把小便尿在帽子上进行羞辱。后来郦生求见，制服了高祖的傲慢。高祖此后礼贤下士，终于建立了汉朝。

最基本的生理需求，不同的人演绎出不同的人生传奇。有无名氏搜集厕所名联，特选两联为结束语。其一上联为：有小便，宜；下联为：得大解，脱。其二上联为：小坐片刻，便会放松意念；下联为：清闲一会，即成造化神仙。

五、汉字与求福习俗

祈望生活过得更好，人物平安，事事顺利，这是古今中国人普遍的愿望与追求。在生产力极其低下的古代社会，人们只能将美好愿望寄予神秘的超自然力量，于是产生了一系列主管人间祸福的神灵和祈求福喜的习俗。纵观中国历史，古人求福虽说全盘迷信，但是也并非毫无原则，人们将鬼神庇佑与道德联系在一起，在先秦的文献里经常会看到"鬼神非人实亲，唯德是依"（鬼神亲近的不是人，而是亲近依附于其身上的德行）、"皇天无亲，唯德是辅"（上天公正无私，总是帮助品德高尚的人）的句子，求福与尚德的结合是一种要求和鞭策，提醒人们在追求福利的同时要保守道德的底线，这无疑会促进社会风气和道德教化朝着好的方向发展。从汉字的角度看，求福的习俗使得寓意美好的这类字的形体更加富于变化，更加具有审美色彩和艺术价值。

（一）福与相关汉字

"福"在汉语中是很宽泛的字眼，很难有确切的所指。关于"福"指代的内容，最早有"五福"的说法。先秦典籍《尚书·

洪范》所说五福为："一曰寿，二曰富，三曰康宁，四曰攸好德，五曰考终命。"即是说"五福"指的是长寿、富贵、健康、好德、善终。汉代桓谭在《新论》中说的"五福"则是："寿、富、贵、安乐、子孙众多。"后世民间所说的"五福"包括"福、禄、寿、财、喜"，指的是掌管人间福气的五位天神。文献中也有"多福"、"百福"、"万福"的说法，例如《诗经·大雅·文王》："永言配命，自求多福。"再如《诗经·大雅·假乐》："干禄百福，子孙千亿。"又如《诗经·小雅·蓼萧》："和鸾雝雝，万福攸同。"

福 fú　《说文》："佑也。""福"有赐福护佑的意思，其甲骨文形体为福，左下方的丁是祖庙祭坛的形状，右边的福是一个酒樽，左上方的ミ是溢出来的酒，这些符号组成的是捧着满满的酒樽到祖庙拜祭，祈求祖宗神灵赐福的形象。其金文形体为福，左边的示与神灵、祭祀有关；右边的畐是一个酒壶的形状，这也是用酒祭祀神灵祈求福佑的形象。《祭统》说："福者备也；备者百顺之名也，无所不顺者之谓备。"万事俱备，一切顺利就是福。

民间为了取得吉祥的寓意，过年有在门口贴"福"字的习俗。传说姜太公的妻子命相不好，到一家穷一家，姜太公封神的

时候没有封她。他的妻子很不理
解，便问："别人都封了，为什么
不封我？"姜太公说："你是个破
败命，到谁家，谁家就会变穷的，
怎么封你啊？"后来姜太公念在夫
妻一场，就封他的妻子为穷神，他

贴"福"字的民宅大门

妻子很不高兴，问："封我为穷神，我蹲哪里啊？"姜太公说：
"有福的地方你不能去。"这个话一传开，老百姓家家户户都在门
口贴上"福"字，避免穷神入门。传说归传说，在门口贴"福"
字的习俗大概在宋代就已经有了，据南宋吴自牧《梦粱录》记
载："岁旦在迩，席铺百货，画门神桃符，迎春牌儿，纸马铺印
钟馗、财马、回头马等，馈与主顾。十二月尽俗云'月穷岁尽之
日'，谓之'除夜'。士庶家不论大小家，俱洒扫门闾，去尘秽，
净庭户，换门神，挂钟馗，钉桃符，贴春牌，祭祀祖宗。遇夜则
备迎神香花供物，以祈新岁之安。"其中的"贴春牌"有人认为
即是贴"福"字。

　　近代还有倒贴"福"字的习俗。传说这一习俗始于清代的恭
王府。一年春节前夕，恭王府的大管家为讨主子欢心，跟往年一
样写了许多"福"字让人贴于库房和王府大门上，有个下人因为
不认得字，一不留神便将大门上的"福"字倒过来贴了。恭亲王
的福晋知道后非常恼火，准备要治这个下人的罪。多亏大管家能
言善辩，他向福晋解释说："奴才常听人说，恭亲王寿高福大造

化大，如今大福真的到（倒）了，乃吉庆之兆。"福晋一想，怪不得过往行人都说恭亲王府福到（倒）了，吉语说千遍，金银增万贯。她慢慢由怒转喜，便重赏了管家和那个贴倒福的下人。事后，倒贴"福"字的做法慢慢在社会传开了，人们都希望过往行人或顽童见了多念叨几句："福到了，福到了!"以此来得个好兆头。

富 fù 《说文》："备也。一曰厚也。""富"有两个意思：一是完备，二是钱财多。其中"完备"的意义与"福"的意义相同，所以《释名》："福，富也。""富"的甲骨文形体为圇，外围的冂是一个房子的形状，里边的⻆是一个酒坛子，屋中有酒表示富有。古代生产力低下，一般家庭的粮食往往是不够吃的，如果还有多余的粮食用来酿酒，那肯定是富足之家。"富"与"贫"意义相反，《庄子·让王》："无财谓之贫。"没有钱财就叫"贫"。曹丕《上留田》："富人食稻与粱，贫子食糟与糠。""富人"与"贫子"相对。

寿 shòu 《说文》："久也。"由年代久远引申为人活的时间长。《诗经·小雅·天保》："如月之恒，如日之升，如南山之寿，不骞不崩，如松柏之茂，无不尔或承。"这段是祝寿的话，意思是祝福您如月亮一样永恒，如初升的太阳一般充满朝气，如终南山的长久，不倒塌不陷落，如青松翠柏一般茂盛，子孙繁衍，无穷无尽。这里的"寿"就是年代久远的意思。"寿"在早期写作
🔲，是一个形声字，🔲是表示意义的符号，它是"老"字的省略写法，表示这个字的意义与"老"有关。🔲表示读音。

"寿"是五福之首，在医疗条件比较落后的古代社会，人们的寿命普遍不长，再多的享受，再幸福的家庭，没有了寿命，一切都是空谈。祈求长寿是人们普遍的愿望，"万寿无疆"、"寿比南山"是美好的祝福，中国古代的天子比常人更

北京北海公园的仿汉武帝
仙人承露塑像

热衷于追求长生不老。据史料记载，秦始皇为了长寿，让三千童男童女入东海寻求长生不老仙药；汉武帝在建章宫建造一座50丈高的露台，台上摆放着一个手捧铜盆的铜仙人用来承接露水，道士将露水与玉屑配制后供汉武帝饮用，以求长生不老。

追求长寿的一个重大表现就是尊老敬老。早在汉代，政府就明令规定要尊敬老人、优待老人。西汉初年，皇帝颁布养老诏令，凡80岁以上的老人均可享受"养衰老、授几杖，行糜粥饮食"的待遇。据《后汉书·礼仪志》中记载："仲秋之月，县、

千叟宴图（清·汪承霈）

道皆案户比民，年始七十者，授之以王杖，哺之糜粥。八十、九十，礼有加赐。王杖长尺，端以鸠饰。鸠者，不噎之鸟也，欲老人不噎。"西汉政府每年秋天都对人口年龄进行普查，满七十岁的，授予精制的拐杖，为他们提供煮烂的粥来养老。八十、九十岁的老人还有额外的赏赐。王杖的顶端做成斑鸠的形状，因为斑鸠是一种胃口很好、不会被食物哽噎的鸟类，以此寓意老人饮食畅快。清代康熙、乾隆、嘉庆三朝曾经在皇宫举办过四次"千叟宴"，邀请全国 70 岁以上的老人参加，规模最大的是在乾隆五十年，有 3 000 位老人参加，年龄最大的为 141 岁。

禄 lù 《说文》："福也。"在先秦以前"禄"指上天的恩赐，与"福"的意思大致相同，春秋以后，"禄"才用以表示官吏的俸禄。《仪礼·少牢馈食礼》："使女受禄如天。"意思是让你享受巨大的恩赐。这里的"禄"用的是本义。《论语·为政》："子张学干禄。"朱熹集注："禄，仕者之奉也。"朱熹指出"禄"是官员的薪水，"奉"是"俸"早期的写法，"俸"是"俸禄"的意思。"干"是"求"的意思,"干禄"意思是谋求当官。在中国古代社会,当官就有俸禄,有了俸禄生活就有保障,例如《观刈麦》:"吏禄三百石,岁晏有余粮。"当官的年薪三百石,年末还有盈余。

财 cái 《说文》:"人所宝也。"意思是人们所珍爱的东西,《周礼》注:"财,泉谷也。"古代的财一般用实物去衡量,钱和粮食是财富的主要物质形式。钱财是能用于消费的东西,《六书故》:"财之为言才也。凡粟米丝麻材木可用者曰财。""才"是"用"的意思,"财"说的是"才",凡是粮食、丝麻织品、木材等可以使用的都叫"财"。

喜 xǐ 《说文》:"乐也。"其甲骨文形体为 �,上面的 � 是一面鼓,ᗐ 是鼓的垂饰,⊟ 是鼓面,凸 是鼓的支架。下面的 ᗡ 是口。段玉裁解释说:"壴象陈乐立而上见。从口者,笑下曰喜也。闻乐则笑。""壴"代表的是摆设好的乐器,"口"表示的是张开的嘴巴,一个人在欣赏音乐,内心觉得高兴张开嘴巴哈哈大笑,这是"喜"要表达的意义。《礼记·檀弓下》:"人喜则斯陶,陶斯咏。"人心情舒畅则愉快,愉快就想唱歌。"斯"是词头,表示连接,相当于"则";"陶"是快乐

的意思。古人认为，身心愉悦就是福，所以"喜"也有
"喜庆"的意思。《国语·鲁语》："夫义人者，固庆其
喜而吊其忧。"意思是：有道义的人，一定会去庆贺有
喜事的人，也会去安慰遭遇不幸的人。这里的"喜"就
是喜事的意思。

道教的四灵二十八宿图

人们向往美好、追求幸福
的愿望是非常强烈的，但是在
生产力极端低下的古代社会，
人们的吉凶祸福往往没有办法
自己掌控。茫茫夜空是古人发
挥想象力的不尽空间，他们将
天上的星宿与人间的祸福相联
系，于是产生了最初的星辰
崇拜。

求福习俗中最常见的是
"福、禄、寿"三星崇拜。福星原来是太阳系中九大恒星之一的
木星，在古代叫"岁星"。古人认为岁星的活动与国家的命运紧
密相关，民间传说岁星照临可以降福于民。《史记·天官书》记
载："察日、月之行以揆岁星顺逆。曰东方木，主春，日甲乙。
义失者，罚出岁星。岁星赢缩，以其舍命国。"意思是：观察日、
月的运行，以揆度岁星的运行是否正常。按五行说，岁星于五方

主东方，于五行为木，于四季主春，于十天干为甲乙。多行不义，天降惩罚就会由岁星表现出来。岁星运动有了赢缩，可以根据其运行的位置来判断对应国家的命运。所以在汉代，国家就为岁星建祠，每年祭祀，祈求国泰民安。禄星也叫"文昌"或"文曲星"，它是北斗星前面的一组星，共有六颗，它与其中的五颗合为"文昌宫"。《星经》记载："文昌六星如半月形，在北斗魁前，其六星各有名。"《史记·天官书》记载："斗魁戴匡，六星曰文昌宫，一曰上将、二曰次将、三曰贵相、四曰司命、五曰司中、六曰司禄。"司禄是最末的一颗，掌管着人间的文运和利禄，是读书人膜拜的星辰。从周朝开始，历代政府都根据前代礼法建祠祭祀。寿星即老人星，西方天文学里的名字是船底座 α 星，位于南半球南纬 50 度左右。寿星在秦代已经被作为祭祀的对象，人们传说见到寿星，天下太平；见不到就预示着将有战乱发生。《史记·封禅书》记载："寿星，盖南极老人星也，见则天下理安，故祠之以祈福寿也。"到了东汉，寿星才被认为是长寿的象征。

对星宿崇拜的同时，古人按照自己的意愿，赋予星辰非凡的神性和独特的人格魅力，创造出具有人类形象的神仙。道教产生后，为了扩大其影响，吸引信徒，对这种信仰大加推崇。于是，有关福禄寿三星的信仰，逐步渗入中国传统文化的肌理之中，成为中国古代民间世俗生活理想的真实写照。它不像其他的神灵那么威严，难以接近，而是对老百姓具有非凡的亲和力。人们对它们顶礼膜拜，主要原因在于它们是人间幸福安乐、健康长寿的象征。

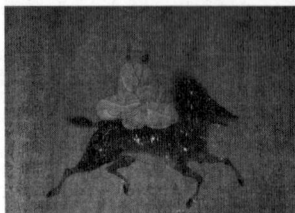

五星二十八宿图中的
福星形象（唐·梁令瓒）

根据唐代开元年间著名天文仪器制造家和画家梁令瓒的《五星二十八宿图》，我们可以看到早期福星形象：头似虎非虎，豹目圆睁，身着长衣，似读书人，骑着猪头马身的怪兽。因为岁星主管人间祸福，兼有"凶险"和"吉祥"两面性的特点，所以人们塑造了这样一个让人惊悚的形象。然而，这个形象会让人们感到畏惧，为了迎合人们求福的心理，福星的形象开始慢慢出现变化，逐渐跟凶险分离，完全变成一个主宰吉祥的仙人形象。我们今天见到的福星是面容可亲、留着黑长胡须、手执如意的中年男子的形象。

禄星的形象并不统一，常见的有身穿朝服、手执朝笏，或手捧官帽，或手执如意的中老年男子的形象，往往有鹿伴随其身旁。官服、朝笏、乌纱帽是当官的象征，如意象征好运气，预示官运亨通。也有传说禄星可以给世人送子，所以禄星也有捧着男婴的形象。

手捧乌纱帽的禄星　　左手执朝笏、右手托乌纱帽的禄星

手执如意的禄星　　　怀抱男婴的禄星

　　寿星的形象为白须老翁，持杖，额部隆起，常衬托以鹿、鹤、仙桃等，象征长寿。

明清以后，民间常将福禄寿三星一并奉祀，三星典型的形象为福星执如意居中；右为禄星，作员外郎打扮，怀抱婴孩；寿星在左，广额白须，捧桃执杖。

福禄寿三星塑像

福禄寿三星原是天上星宿的名称，它们被道教神化之后，"五福"中的"财"、"喜"也同样被塑造成神。

财神是财富的保护神，早在隋唐时期已经有祭祀财神的记载。根据《封神榜》所载，财神姓赵名公明。他原在峨眉山罗浮洞修道，因助纣攻打武王，死后被封为"金龙如意正一龙虎玄坛真君之神"，并统领"招宝天尊"、"纳珍天尊"、"招财使者"、"利市仙官"四个部下。他们的职责都与财有关。道教供奉的财神，也是赵公明。根据道教传说，赵公明本为终南山人，自秦时就隐居深山，精修至道，功成之后，玉皇大帝封他为"正一玄坛元帅"，简称"赵玄坛"。旧时财神庙和各家各户所供的财神，其尊容颇凶、乌面浓须、怒睁圆眼，头戴铁冠，一手执钢鞭，一手捧元宝，身下还跨有黑虎，故又有"黑虎玄坛"之称。据《三教搜神大全》载，赵公明神异多能，变化无穷，能够驱雷役电，呼风唤雨，降瘟剪疟，保命解灾。凡买卖求财，只要对赵公明祈祷，便无不称心如

财神庙里的武财神赵公明

意。由于赵公明是位武将，在计算钱财的时候难免会有错误，于是人们把文曲星比干拉过来协助赵元帅管理钱财。因为比干没有心，不会偏心，他同样受到人们的欢迎。所以人们把赵公明和比干称为"正财神"，赵公明是武财神，比干是文财神。

此外，民间还有"偏财神"五显财神、"文财神"财帛星君、"武财神"关圣帝君的说法。五显财神即是五路财神，即东西南北中五个方向，意为出门五路，皆可得财。财帛星君姓李名诡祖，又称"增福相公"、"文财神"、"增福财神"、"福善平施公"。他原是淄川五松山人，魏孝文帝时任曲梁县令，清廉爱民，去世后立祠祭祀。唐武德二年被唐高宗赐封"财帛星君"，唐明宗天成元年被赐封"神君增福相公"，元代被赐封"福善平施公"。财帛星君的形象文雅非凡，锦衣玉带，头戴朝冠，身穿红

袍，白脸长须，面带笑容，左手执"如意"，右手执"聚宝盆"，写着"招财进宝"四字。身后二童子为他打着日月障扇。左青龙，右白虎，口吐孔钱和元宝，象征着财富源源不断。

五显财神

增福财神

邮票上的关公

关圣帝君就是关羽关云长，传说关公年轻时，在家乡从商，以贩卖布匹为业。生前精于理财之道，最擅长算数记账，曾设簿记法，并发明日清簿，这是一种让人一目了然的记账法，即为现今一般商人所使用的流水账。关公所用的青龙偃月刀，十分锋"利"，与生意上求"利"同音，求之获"利"。一般合伙做生意，最重义气和信用，关羽信义俱全，因此被后世商人尊为商业守护神，并视他为保佑人们发财的武财神。

喜神是吉祥神，因为人们的愿望都是趋吉避凶，追求喜乐高兴，因此也臆造出了一个喜神。民间传说喜神原本是拜北斗星神的一个虔诚女子，修道成仙时，北斗星君询问她的愿望，女子用手捂口，笑而不答，北斗星君误以为她想要胡须，就赐了她长须。因为她笑时呈喜像而封为喜神，因有长须掩饰，凡人很难看得到她的形象，她专门掌管喜庆，但不显神形。所以，喜神最大的特点是没有具体的形象，也没有专门的庙宇，高度抽象。

（二）求福与字形

一般人都会认为寓意美好的文字可以给自己带来好运，这种心理使得人们对含义美好的字眼表现出特别的兴趣，长期以来他们喜欢将吉祥的文字写在器物或做成装饰物镶嵌在建筑物上，或者将吉祥的文字写成书法作品悬挂在家中，用以招来好运气。含义美好、吉祥的汉字在中国文字中显得非常特别，它们不仅使用频率高，而且表现出很强的审美特色和艺术价值，可以说它们是中华文化中典型的中国元素。

民间的求福习俗往往会使得某些字的形体发生变化，具体表现在如下的一些方面：

1. 合体与拆字

汉字是方块字体，它们一般由不同的部件组合而成，人们在书写寓意吉祥的汉字的时候就喜欢根据自己的愿望对字体进行组合或拆分。常见的合体字有"福禄寿"、"招财进宝"、"黄金万两"等。它们由组成一句吉祥语的几个字拼凑在一起，共同使用某些笔画，粗看起来就像一个方块汉字，细看则大有意蕴。把它们装帧起来往往是一副书法艺术作品。

黄金万两

八方见财来

日进斗金

招财进宝

只见财来

日日有财见

福禄寿

开门见喜

常见的拆字要算清代康熙皇帝的"天下第一福"。该"福"字在写法上暗含"多、子、田、才、寿、福"六个字形，寓意"多子、多田、多才、多寿、多福"。

康熙御笔的"福"字

2. 异体

人们对福寿的追求，使得
"福"、"禄"、"寿"、"喜"等吉祥
汉字在民间使用的频率大大增加，
不同的人在写这些字的时候往往有
不同的写法，产生了大量的异体字。
最极端的例子是"福"、"禄"、
"寿"三个字，每个字都有一百个以

百寿图

上不同的写法，当然这些写法并非都在使用，或许是为了附会"百
福"、"百禄"、"百寿"的说法而臆造出来的。

百福图

百禄图

3. 构型

人们用带有吉祥意义的文字作为装饰物或书法作品，为了追

求吉祥和避免单调，往往改变字体的形状，同时根据中国人对吉祥福寿的理解，设计成不同的造型。中国人喜欢圆形，圆形象征着团圆，所以很多寓意吉祥的汉字都被写成圆形，例如"福禄寿喜"就有圆形的写法。长寿也是人们的追求，所以"寿"字往往被写得很长，乾隆皇帝曾经写过一幅很长的寿字，寓意长寿。

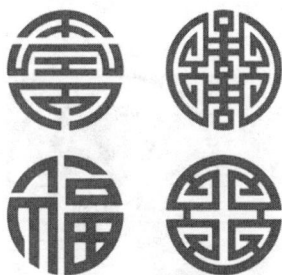 

圆形的"福禄寿喜"　　　　乾隆御笔——长"寿"

　　为了使得字体美观，体现吉庆色彩，人们往往用祥云、牡丹、龙凤、仙桃、鲤鱼、童子等具有吉祥意象的符号和花纹对字体进行装饰和点缀，有时为了突出年节的喜庆，也有用十二生肖构成文字的情况。

喜上加喜　　　　　　　　福寿有余

由祥云组成的福字

龙纹环绕的寿字

仙桃牡丹装饰的寿字

生肖鼠组成的福字

　　此外，以寓意吉祥的汉字构成一个
物体形象的做法在民间也比较流行，这
种对汉字改造的方法可以叫做拟物，经
过物化的汉字不仅可以表达美好的寓
意，还可以让这些文字显得生动形象、
妙趣横生。例如有人将"福禄寿"几个

隐含"福禄寿"的寿星

字组合在一起，画成寿星捧桃的形象，"福"字左上角的一点画
作仙桃的形状，右上角的一横及口是寿星的头，"寿"字的长撇

是寿星的拐杖。这种"画中藏字，字合成画"的巧思让人叹为观止。

近代有人将"寿"的繁笔草体写成一只栩栩如生的猴子的形状，名之为"猴寿"。因为猴子喜欢吃桃，桃是长寿的象征，所以民间有"金猴献寿"的说法；孙悟空是一只猴子，曾被封为齐天大圣，"寿"字写成猴形，有"福寿齐天"的寓意。

猴寿

4. 象征

同样为了让字形美观，人们往往采用同音或谐音代替的办法，用实物象征来组合成吉祥语，蝙蝠与"遍福"谐音，因此蝙蝠可以用来指代"福"，五只蝙蝠环绕"寿"字称为"五福捧寿"；葫芦与"福禄"谐声，可以用葫芦来表示福禄，所以把"寿"字写成葫芦的形状便是"福禄寿"；鹿与"禄"同音，所

五福捧寿

葫芦（福禄）寿

福鹿（禄）寿

葫芦（福禄）寿

福禄寿喜

福禄寿全

以在一只鹿上面写上"福、寿"，合起来就是"福禄寿"；钱在古代也称为"泉"，与"全"同音，所以蝙蝠嘴里衔着双钱，中间挂个"寿"字，合起来就是"福寿双全"。也有采用民间传说的具体事物来作象征的，例如用寿星的形象表示"寿"，所以"福禄寿喜"就是在"福喜"之间画了一只鹿和一个寿星来表达这一寓意；民间传说麻姑献上仙桃给西王母祝寿，所以仙桃也表示寿，"福禄寿全"就是在"禄"字周围画上蝙蝠、仙桃和金钱的形状来表示。

参考文献

［1］段玉裁：《说文解字注》，上海：上海古籍出版社 1988 年版。

［2］张玉书、陈廷敬：《康熙字典》，北京：中华书局 2011 年版。

［3］吴自牧：《梦梁录》，杭州：浙江人民出版社 1980 年版。

［4］孟元老：《东京梦华录》，郑州：中州古籍出版社 2010 年版。

［5］潜苗金：《礼记译注》，杭州：浙江古籍出版社 2007 年版。

［6］杨天宇：《仪礼译注》，上海：上海古籍出版社 2004 年版。

［7］许嘉璐：《中国古代衣食住行》，北京：北京出版社 2002 年版。

［8］王贵元：《汉字与历史文化》，北京：中国人民大学出版社 2008 年版。

［9］尚秉和：《历代社会风俗事物考》，南京：江苏古籍出版社 2002 年版。

［10］王宝珍：《汉字与中国文化》，北京：首都经济贸易大学出版社 2011 年版。

［11］李梵：《汉字的故事》，北京：中国档案出版社 2001年版。

［12］郁乃尧：《汉字的故事》，北京：光明日报出版社 2005年版。

［13］周耀明、万建中、陈华文：《汉族风俗史（第二卷）》（秦汉·魏晋南北朝风俗），上海：学林出版社 2004 年版。

［14］王炜民：《中国古代礼俗》，北京：商务印书馆 2004年版。

［15］叶国良：《我们的国家礼制与风俗》，上海：复旦大学出版社 2012 年版。

［16］殷伟：《兰汤沐芳》，北京：文物出版社 2003 年版。

［17］张亮采、尚秉和：《中国风俗史（外一种）》，北京：中国社会科学出版社 2012 年版。

［18］吴成国：《报丧礼俗的社会史考察》，湖北大学学报 2009 年 9 月。

［19］贾俊侠：《春秋时期的媵制及其盛行的原因》，江南大学学报，2002 年 2 月。

［20］李玉洁：《中国古代丧服制度的产生、发展和定型》，河南大学学报，1989 年第 4 期。

［21］汪少华：《古人的坐姿与座次》，南昌大学学报，1999

年9月。

　　［22］吴存浩：《商代墓葬形制和习俗研究》，民俗研究，1994年第4期。

　　［23］马怀云：《明初洪洞移民捆绑押解说辨析——解手一词并非源于明初》，商丘师范学院学报，2006年8月。

　　［24］李晖：《兽子、虎子、马子——溲器民俗文化抉微》，合肥：安徽省博物馆建馆五十周年文集，合肥：安徽人民出版社2006年版。

　　［25］辛艺华：《福、禄、寿、喜、财——民间装饰字体的文化蕴涵》，文史知识，1998年第2期。

　　［26］万小南：《〈《史记》集解〉记载的一次古代剖腹产》，中国科技史料，1999年第1期。

　　［27］宋杰：《汉代后妃"就馆"与"外舍产子"风俗》，历史研究，2009年第6期。

专业网站

　　［1］汉典网：http：//www.zdic.net/.

　　［2］甲骨文在线：http：//www.chineseetymology.org.